Anne Morrow Lindbergh

Worte wie Muscheln

Anne Morrow Lindbergh

Worte
wie Muscheln

Herausgegeben von
Heike Helmchen

Herder
Freiburg · Basel · Wien

Erste Auflage
Alle Rechte vorbehalten – Printed in Germany
© Verlag Herder Freiburg i. Br. 1996
Umschlagfoto und -gestaltung:
Hermann Bausch
Gedruckt auf umweltfreundlichem,
chlorfrei gebleichtem Papier
Herstellung: Clausen & Bosse, Leck
ISBN 3-451-23999-x

Inhalt

Einleitung 7

I *Gezeiten der Liebe*
  1. Die Sonnenaufgangsmuschel:
    Romantische Liebe 14
  2. Die Austernbank:
    Eheliche Bande 17
  3. Die leere Muschel:
    Wieder zu zweit allein 24
  4. Die Argonauta:
    Liebe wie ein Tanz 27

II *Gezeiten des Frauseins*
  1. Von der Zerrissenheit 34
  2. Von der Einfachheit 45
  3. Vom Alleinsein 48
  4. Vom Mündigwerden 55

III *Gezeiten des Schmerzes*
  1. Vom Kummer 58
  2. Vom Abschied 64
  3. Vom Preis des Ruhms 66

IV *Flutwellen des Lebens*
  1. Verliebtheit 70
  2. Hochzeit 72
  3. Geburt 74
  4. Glück 77
  5. Augenblicke 79

V *Gezeiten der Trauer*
  1. Jäh erstarrt 88
  2. Trotzdem hoffen 93
  3. Schreckliche Gewißheit 94
  4. Neuer Halt im Loslassen 97

VI *Gezeiten des Aufwinds*
  1. Fliegen heißt Freiheit 114
  2. Angst überwinden 123

Quellennachweis 128

Einleitung

Die Suche nach dem wahren Leben trieb Anne Morrow Lindbergh zeitlebens um. Die Wahrheit des Lebens erfuhr sie in tiefempfundenem Glück und in furchtbarer Bitterkeit gleichermaßen. Zu ihrem Bild für dieses Leben wurden die Gezeiten des Meeres. Gutes und Leidvolles erfuhr sie – und beschreibt sie – als Wechsel von Ebbe und Flut, als Kommen und Gehen, als Erfüllung und bange Erwartung.

Die Amerikanerin Anne Morrow Lindbergh wurde 1906 in eine Familie hineingeboren, die ihr ein privilegiertes Leben ermöglichte. Die Eltern waren in der Welt der Diplomatie und der Finanzen zu Hause. Von Jugend auf vertraute sie Tagebüchern und Briefen ihre ureigensten Gedanken, Ängste und Hoffnungen an. Im Schreiben hatte sie ihre Weise gefunden, ihr Leben zu reflektieren, sich selbst zu finden und sich selber treu zu bleiben. Auch dem Schreiben ist sie immer treu geblieben.

Die Begegnung und baldige Heirat mit dem Flugpionier Charles Lindbergh beschreibt sie als Befreiung. Ihr Mann eröffnete ihr die geheimnisvolle und herausfordernde Welt außerhalb der engen Familienstrukturen. Sie erlernte das Fliegen und Funken und machte 1929 als erste Frau Amerikas einen Segelflugschein. Sie begleitete ihren Mann als Bordfunkerin und Navigatorin auf monatelangen, strapaziösen Flü-

Einleitung

gen. Die Lindberghs haben die transatlantischen Flugrouten vermessen und Stützpunkte überprüft. Zwei Monate vor der Geburt ihres ersten Kindes brachen sie den Geschwindigkeitsrekord der Atlantiküberquerung.

In der Partnerschaft und in der gemeinsamen Bewältigung von Pionieraufgaben entdeckte Anne Morrow Lindbergh ihre Berufung. Sie entwickelte sich zu einer selbstbewußten, emanzipierten Persönlichkeit. Die beiden Bücher, die sie über diese Reisen veröffentlichte, brachten ihr Anerkennung auch als Schriftstellerin. Allerdings bedeuteten ihre Erfolge und die Ehe mit dem berühmten Mann auch, daß sie schon in jungen Jahren kein Privatleben mehr hatte, »nur noch ein Leben in der Öffentlichkeit«.

Wie sehr ihr öffentliche Aufmerksamkeit zuteil war, mußte sie bald schmerzlich erfahren. Während sie zum zweiten Mal schwanger war, brachte die tragische Entführung ihres ersten Kindes 1932 eine jähe Wende in ihrem Leben. Ihr 18 Monate alter Sohn war bereits tot, als die Entführer noch Lösegeld erpreßten. Die Zeitungen waren voll von Berichten über dieses erste Prominenten-Kidnapping Amerikas. Eine ganze Nation nahm Anteil am Bangen um das Kind. Agatha Christie verarbeitete zentrale Motive der tragischen Geschichte in ihrem Buch »Mord im Orient-Expreß«, das ein Jahr nach der Entführung erschien. In der Literatur und im Film wurde die Geschichte immer wieder aufgegriffen. Eine Filmdokumentation über das

Einleitung

»Lindbergh-Baby« machte das Ereignis international bekannt.

Die Erschütterung über das Verbrechen an ihrer Familie veränderte Anne Morrow Lindberghs Leben. Aber selbst hier zeigen ihre Tagebücher aus dieser Zeit eine Frau, die trotz aller Verzweiflung an ihrem Leiden nicht zerbricht, sondern sich ihm stellt. Sie mußte aufrichtig, ungeschminkt darüber schreiben, um sich von den schrecklichen Ereignissen nicht zeitlebens gefangen halten zu lassen; um nicht am Leid zu ersticken, nahm sie es als Teil ihres Lebens an: »So kann man vielleicht sagen, daß auch der Kummer seinen Teil dazu beitrug, mich frei werden zu lassen.«

Ein halbes Jahr nach der Entführung brachte sie ihren zweiten Sohn zur Welt. Die große Publicity, die mit dem Prozeß und der Verurteilung eines der Kidnapper einen neuen Höhepunkt erreichte, sowie das vermehrte Auftreten von Drohbriefen führten dazu, daß die Lindberghs im Dezember 1935 nach Europa zogen. Sie lebten in England und Frankreich. Kurz vor Ausbruch des Zweiten Weltkriegs kehrten sie nach Amerika zurück. Durch die inzwischen vergangenen Jahre hatte das Verbrechen an schrecklicher Unmittelbarkeit verloren. Das Leben konnte nach und nach neu aufblühen. Anne Morrow Lindbergh schenkte vier weiteren Kindern das Leben.

Das Zusammenspiel vom Ernst ihres Schicksals mit der allmählich wiedergewonnenen Lebenshoffnung führte sie dazu, ihre persönlichen Aufzeichnungen

Einleitung

auch anderen Menschen zugänglich zu machen. »So viele Menschen haben ihre Kinder verloren [...]; und so viele haben ihre Männer, Frauen, liebsten Eltern, ganze Familien verloren.« Anne Morrow Lindbergh hatte erfahren, daß das Beispiel anderer Menschen, die ihre Schicksalsschläge verwunden hatten, ihr selbst half, den Schmerz und die Verzweiflung zu bewältigen. Jetzt war es an ihr, anderen beizustehen: »Wahrheit, die im Herzen verschlossen ist – oder in einem Tagebuch –, ist unfruchtbar. Sie muß dem Leben zurückgegeben werden, damit die ›Stunde von Blei‹ – anderer Menschen – verwandelt werden kann.«

Anne Morrow Lindbergh beschreibt – wie in einem großen Leitmotiv – das Leben als eine Kette von Augenblicken. Und in jedem dieser Augenblicke, je jetzt, muß es gelebt werden. Ständige Veränderung gehört für sie zum Wesen des Lebens in allen seinen Dimensionen, auch der Liebe. Der Traum aller Liebenden von der völligen Vereinigung ist nur in kurzen Augenblicken zu verwirklichen. Wandlungen und Verwandlungen in der Liebe begreift sie als Möglichkeit des Wachsens in der Partnerschaft. Es gibt kein glückliches Leben – nur »glückliche Augenblicke«. Ihnen folgen Schicksalsschläge und Trauer, Zerrissenheit im Alltag – und wiederum Erneuerung. So wollte sie das Leben nehmen: wie es kommt und wie es geht.

Einleitung

Das Bild, das wir im deutschsprachigen Raum von Anne Morrow Lindbergh haben, zeigt nur einen Teil von ihr. Einige Veröffentlichungen (z. B. ein weiterer Tagebuchband, Essays über Krieg und Frieden oder weitere Gedichte) sind nicht ins Deutsche übersetzt worden. In Amerika veröffentlichte Anne Morrow Lindbergh bis vor wenigen Jahren noch Arbeiten. Sie wurde in den letzten 40 Jahren mit vielen Auszeichnungen und Preisen (zuletzt 1994) geehrt; viel ist über sie geschrieben worden.

Anne Morrow Lindbergh versuchte immer wieder neu, den Anforderungen ihrer großen Familie, ihrer Arbeit als Flugfunkerin und dem Schreiben gerecht zu werden. Sie verstand sich als Frauenrechtlerin und bewährte sich in einem Männerberuf.

Den Alltag zu bestehen, Ehe, Familie und Beruf verantwortungsvoll und schöpferisch zu gestalten und dabei selbst nicht auf der Strecke zu bleiben – diese Aufgabe beschreibt sie als die tägliche Herausforderung der Frauen. Sie wünschte sich Eindeutigkeit (sich selbst und anderen gegenüber), Lauterkeit ihrer Absichten und einen festen Mittelpunkt für ihr Leben, um die vielfältigen Verpflichtungen so gut wie möglich erfüllen zu können.

Sie war durch ihre gute Ausbildung, die Reisen, die gesellschaftlichen Kontakte ihrer Eltern und ihres Mannes und die finanzielle Unabhängigkeit zweifellos anderen Frauen gegenüber sehr privilegiert. Aber sie hat diese außergewöhnliche Chance erkannt und im

Einleitung

besten Sinne genutzt. Sie hat ihr Leben zu etwas Außergewöhnlichem gemacht und andere daran teilhaben lassen. Ihre Tagebücher, Briefe, Essays und Gedichte geben durch poetische Bilder bei nüchternem Realitätssinn eine Einsicht in die »Essenz des Lebens«, in der sich auch heutige Frauen wiederfinden können.

Anne Morrow Lindbergh ist ein Modell einer modernen Frau. Sie hat ihr Leben in der Zeit, in die sie gestellt war, gemeistert. Sie hat Rollenmuster durchbrochen, eine große Familie gehabt und durch Leistungen auf beruflichem und künstlerischem Gebiet Karriere gemacht. Ihre Beschreibungen von Liebe, Partnerschaft, Glück, Schmerz und Tod als Teile des wechselvollen Lebens vermitteln ungebrochen noch heute eine große Zuversicht: Auch wenn sich das Meer zurückgezogen hat, wird es einmal wiederkommen. Wechsel ist das einzig Bleibende. Die einzige Gewißheit des Lebens trägt das Gesicht der Unbeständigkeit. Aber in diesem Kommen und Gehen liegt die Fülle des Lebens in »glücklichen Augenblicken«. Die Kunst ist, sie wahrzunehmen.

Freiburg i. Br., im Januar 1996 *Heike Helmchen*

I

Gezeiten der Liebe

When First I met
Your glance and knew
That life had found me
– And Death too...

Als ich zuerst
Deinem Blick begegnete und wußte,
Daß das Leben mich gefunden hatte
– Und der Tod auch...

Einhorn, 108

Jede lebendige Beziehung ist einem Verwandlungsprozeß, einem Erweiterungsprozeß unterworfen und muß sich immer neue Formen schaffen.

Muscheln, 63

1. Die Sonnenaufgangsmuschel: Romantische Liebe

Die Sonnenaufgangsmuschel ist ein Symbol für das erste Stadium: zwei makellose Hälften, die ein Scharnier zusammenhält, die sich an jedem Punkt berühren, und die beide vom Glanz eines neuerstehenden Tages überstrahlt sind – eine Welt für sich.

Muscheln, 63

Die Sonnenaufgangsmuschel: Romantische Liebe

Das Band der romantischen Liebe aber ist etwas anderes. Es hat so wenig mit Gemeinsamkeit oder Gewohnheit oder Raum und Zeit oder dem Leben selbst zu tun. Es umfängt sie alle wie der Regenbogen – oder wie ein Blick. Es ist das Band der romantischen Liebe, das die zweifache Sonnenaufgangsmuschel zusammenhält, nur ein Band, nur eine Klammer. Und wenn dieses zerbrechliche Glied im Sturm zerbricht? *Muscheln, 68*

Natürlich ist die ganz große Liebe eine ungeheuer befreiende Kraft und wohl die am weitesten verbreitete, die jungen Leuten die Freiheit – oder die vermeintliche Freiheit – verschafft. Der Geliebte ist der Befreier. Im Idealfall ermöglichen beide Partner eines Liebespaares einander die Freiheit zum Aufbruch in neue, fremdartige Welten. *Stunden, 9*

Die reine Beziehung, wie schön ist sie! Wie leicht kann sie zerstört oder durch Belangloses zu Boden gedrückt werden – nicht einmal so sehr durch Belangloses als durch das Leben selber, durch die Lawine aus Leben und Zeit. *Muscheln, 53*

Gezeiten der Liebe

[Die romantische Liebe] ist rein, einfach und unbeschwert. Sie gleicht der Vision des Künstlers, ehe er sie in eine Form zwingen muß, oder der Blüte einer Liebe, ehe sie zur fertigen, aber schweren Frucht der Verantwortung gereift ist.

Muscheln, 53

Denn liebt man einen Menschen, offenbart er sich einem in jeder Handlung, man erkennt darin sein Wesen. Man ist imstande, sich stets bei allem, was er tut, zu sagen: »Wie sehr sieht ihm das ähnlich.« Dadurch ist es einem unmöglich, alles, was er tut oder sagt, zu akzeptieren, »denn es ist typisch er«.

Blume, 42

Man kann Menschen auf so viele verschiedene Arten lieben. Ich nehme an, daß Menschen, die ein Teil deines Lebens – ein wahrer Teil deines Lebens sind, während du heranwächst – besonders in der Jungmädchenzeit –, dir für immer verbunden bleiben.

Räume, 257

Aber der Wechsel der Form zeigt sich am deutlichsten in der Beziehung zwischen Mann und Frau, weil sie die tiefste und am schwierigsten zu bewahrende ist, und weil wir fälschlicherweise glauben, die Unmöglichkeit, sie in ihrer ursprünglichen Form zu bewahren, sei eine Tragödie.

Muscheln, 54

Man erkennt schließlich, daß es keine dauernde reine Beziehung gibt, und daß es sie auch nicht geben soll, ja, daß man sie nicht einmal wünschen sollte. Die reine Beziehung ist räumlich und zeitlich begrenzt. Sie bedeutet im wesentlich Ausschließlichkeit. Sie schließt das übrige Leben aus, ebenso die übrigen Aspekte der Persönlichkeit, andere Verantwortungen, andere Zukunftsmöglichkeiten.

Muscheln, 62

2. Die Austernbank: Eheliche Bande

Die Auster eignet sich vorzüglich zum Vergleich mit einer langjährigen Ehe. Sie versinnbildlicht den Lebenskampf. Die Auster hat sich auf dem Felsen ihren Platz errungen, dem sie sich genau angepaßt hat, und an dem sie zäh festhält. Genau so kämpfen manche Paare im Laufe ihres Ehelebens um einen Platz in der Welt. Zunächst ist es der rein materielle Kampf um ein Heim, für die Kinder, um eine gesellschaftliche Position. Dabei bleibt nicht viel Zeit für ein Tête-à-Tête am Frühstückstisch. *Muscheln, 67*

Ehe bedeutet doch die Fortdauer einer Beziehung. *Muscheln, 66*

Die Ehe ist die interessanteste, schwerste und wichtigste Aufgabe im Leben. *Blume, 62*

Man zweifelt nicht an seiner Zuneigung, aber kein ernsthaft veranlagter Mensch ist wohl jemals eine Ehe eingegangen, ohne sich vorher zu fragen, ob es ihm auch gelingen wird, diese schwierige und wichtigste Aufgabe, die es gibt – und als solche muß sie gewiß betrachtet werden –, auch zum Erfolg zu führen. *Blume, 127*

Denn auch eine Beziehung muß wie eine Insel sein. Man muß sie nehmen, wie sie ist, in ihrer Begrenzung – eine Insel, umgeben von der wechselvollen Unbeständigkeit des Meeres, immerwährend vom Steigen und Fallen der Gezeiten berührt. Man muß die Sicherheit des beschwingten Lebens anerkennen, seiner Ebbe, seiner Flut und seiner Unbeständigkeit.

Muscheln, 93

Männer wie Frauen spüren diesen Wechsel in ihrer Beziehung und verzehren sich in Sehnsucht nach der Ursprünglichkeit des frühen Zustandes, während das Leben weitergeht und immer komplizierter wird. Denn während sich die Beziehung vertieft, werden der Mann und die Frau unerbittlich bis zu einem gewissen Grad wieder von ihren eigentlichen und besonderen Aufgaben in Anspruch genommen: der Mann von seiner Arbeit, die Frau von ihren überkommenen Pflichten in der Familie und im Haushalt. In beiden Fällen neigt der natürliche Aufgabenkreis dazu, die Stelle der rein persönlichen Beziehung, die alles andere absorbiert hatte, einzunehmen.

Muscheln, 55

Man lernt sich mit den Tatsachen abzufinden, daß es keine dauernde Rückkehr in die frühere Form einer Beziehung gibt; und man erkennt noch deutlicher, daß es unmöglich ist, eine Beziehung in der einmaligen Form zu erhalten. Das ist keine Tragödie, sondern das gehört zu dem sich ewig erneuernden Wunder des Lebens und Wachsens.

Muscheln, 63

Es ist großartig, wenn man bedenkt, was die verschiedenen Menschen aus der Ehe gemacht haben. Als hätte jeder einen Wurzelstock bekommen, um sich daran zu versuchen. Manchmal fällt es leicht, und sie übernehmen den Stock, als sei er gebrauchsfertig. Andere finden die Aufgabe sehr, sehr schwer – manche geben auf. Viele von uns glauben, daß er uns gebrauchsfertig übergeben werden müsse, bereits geschnitzt, dann werfen sie ihn fort, um einen neuen aufzunehmen, und erwarten, daß der zugeschnitten ist. Ich glaube nicht, daß man jemals eine perfekte Ehe geliefert bekommt. Es ist wie beim Gesicht, dem Körper, den Bedingungen und dem Leben. Man erhielt sie, um sie zu gestalten.

Räume, 279

Man mußte sich seinen Weg bahnen wie jedes gesunde Wesen, angriffslustig und ehrgeizig, mußte die eigene Kraft und ihre Grenzen ken-

Die Austernbank: Eheliche Bande

nenlernen. In der Jugend war man gegängelt worden, jetzt mußte man Selbstvertrauen und Selbstsicherheit gewinnen, die Parolen der modernen Zivilisation, ihr Bildungs- und Gedankengut erlernen.

Herz, 206

Denn tatsächlich sehen Mann und Frau nicht nur in die gleiche Richtung – sie arbeiten auch gemeinsam auf ein Ziel hin. (Man beachte das stetige Anwachsen der Austernbank auf dem Felsen.) Hier schafft man Bindungen, schlägt Wurzeln, erobert eine feste Basis. (Man versuche, eine Auster von ihrem Riff zu stemmen!) Hier macht man sich zum Teil der menschlichen Gesellschaft, der Gemeinschaft der Menschen.

Muscheln, 67

War eine Ehe nicht etwas, was zwei Menschen gemeinsam aufbauten und zusammenhielten und -flickten, wenn es der Ausbesserung bedurfte? Ein festes Gefüge, Teil der gesellschaftlichen Gliederung. Eine soziale Institution, wenn man so wollte.

Herz, 139

Hier knüpfen sich die ehelichen Bande. Denn die Ehe, die man immer als ein Band bezeichnet, wird

Gezeiten der Liebe

in diesem Stadium tatsächlich zu vielen Bändern, vielen Fasern verschiedener Beschaffenheit und Stärke, die zusammen ein straffes und festes Netz bilden. Das Netz ist aus Liebe geknüpft. Ja, aber aus vielen Arten von Liebe: zuerst aus romantischer Liebe, dann aus einer langsam heranreifenden innigen Hingabe, die beide kameradschaftliche Züge tragen. Es besteht aus Loyalität und gemeinsamen Erlebnissen – ein Gewebe aus Erinnerungen an Gemeinsamkeiten und Gegensätze, an Triumphe und Enttäuschungen. Es ist ein Netz aus Vertraulichkeiten, einer gemeinsamen Sprache und auch der Sprachlosigkeit, ein Wissen um Neigungen und Abneigungen, Gewohnheiten und Reaktionen seelischer und körperlicher Natur – ein Netz aus Instinkt und Intuition und bewußter und unbewußter Ergänzung.

Muscheln, 68

Es handelt sich in der Ehe stets um eine unbekannte Sprache, ein wissenschaftliches oder historisches Rätsel, das man zu lösen sucht. Es erfüllt einen mit höchster Befriedigung, wenn man selber ein Stück ergänzen kann, und man schätzt die Teilchen, die andere hinzufügen – es sind lauter Beiträge, die sich summieren.

Blume, 129

Die Austernbank: Eheliche Bande

Aber totale Freiheit ist niemals so, wie man sie sich erwartet, und tatsächlich gibt es sie kaum. Es ist ein ziemlicher Schock, wenn man erkennen muß, daß man im Leben zumeist bloß ein System von Beschränkungen gegen ein anderes tauscht. Wenn auch das neue, da selbstgewählt, leichter hingenommen wird. *Stunden, 10*

Nicht glücklich oder unglücklich. [...] Die beste Ehe war wie das schönste Leben, glücklich wie unglücklich. Zwischen den Partnern bestand sogar eine notwendige Spannung, die der Ehe Kraft verlieh wie ein gestrafftes volles Segel. Sie trieb einen voran. Sie war konstruktiv – man durfte von einer Ehe verlangen, daß sie konstruktiv war. *Herz, 139*

Das Netz einer Ehe wird in beständiger Gemeinsamkeit geknüpft, im tagtäglichen Beisammensein, im vereinten Streben nach dem Ziel. Es wird in Raum und Zeit auf dem Webstuhl des Lebens selbst gewoben. *Muscheln, 68*

Alle Beziehungen müssen eine gewöhnliche Grundlage haben. In der Ehe erreicht man sie auf physischem Wege – nicht durch den physischen Akt, sondern einfach durch den inneren Frieden und die Sicherheit, die die Berührung vermittelt, etwa wie man sie als Kind auf dem Schoß der Mutter empfindet. Eine vollkommene, wahre und schlichte Ruhe und Sicherheit. Als würde jemand sagen: »Das ist wahr, denn ich kann es greifen.«
Räume, 260

3. Die leere Muschel: Wieder zu zweit allein

Die Flut des Lebens ist verebbt. *Muscheln, 69*

Was diese Zeit bedeutet, ist vor allem Einsamkeit und die plötzliche panische Furcht, wie man sie ausfüllen könnte. *Muscheln, 115*

Das Haus mit seinen unförmigen Anbauten beginnt sich nach und nach zu leeren. Die Kinder gehen in die Schule, und dann heiraten sie und beginnen ihr eigenes Leben. [...] Viele physische

Die leere Muschel: Wieder zu zweit allein

Kämpfe haben aufgehört, weil wir entweder gesiegt oder versagt haben. [...] Verheiratete Paare finden sich in vorgerücktem Alter oft isoliert und starr in einer veralteten Muschel, in einer Festung, die ihren Sinn überlebt hat. Was soll man machen: in der skelettierten Form verkümmern oder sich eine neue Lebensform, neue Erlebnisse suchen?

Muscheln, 70

Die einzige wirkliche Sicherheit liegt nicht im Soll oder Haben, im Fordern oder Erwarten, nicht einmal im Hoffen. Die Sicherheit einer Beziehung besteht weder in sehnsuchtsvollem Verlangen nach dem, was einmal war, noch in angstvollem Bangen vor dem, was kommen könnte, sondern allein im lebendigen Bekenntnis zum Augenblick.

Muscheln, 93

Alle inneren und äußeren Erfahrungen, die eine Frau bereits früher gesammelt hat, kommen ihr zugute, wenn ihr Leben das Stadium der leer gewordenen Muschel erreicht hat. Man muß mit sich selbst zurechtkommen – nicht nur mit sich selbst in einem neuen Lebensabschnitt, sondern auch in einer neuen Rolle. Das Leben ohne Kinder, allein – in der ersten Zeit klingen die Worte hohl.

Muscheln, 116

Der primitive, rein funktionelle Zuschnitt des Lebensbeginns und der tätigen Jahre vor Vierzig oder Fünfzig ist überlebt. Aber es bleibt uns der Nachmittag, den man nicht im fieberhaften Tempo des Morgens verbringen muß, sondern der uns endlich Zeit läßt für jene intellektuellen, kulturellen und geistigen Beschäftigungen, die wir in der Hitze des Gefechts beiseite geschoben haben. *Muscheln, 72*

Wir [...], mit unserer übermäßigen Überschätzung der Jugend, des Tatmenschen und des materiellen Erfolgs, neigen zweifellos dazu, den Nachmittag des Lebens geringzuschätzen oder gar zu tun, als käme er nie. Wir stellen die Uhr zurück und versuchen, den Morgen zu verlängern, und übernehmen und verausgaben uns bei dieser unnatürlichen Anstrengung. Natürlich erreichen wir damit gar nichts: Wir können nicht mit unseren Söhnen und Töchtern konkurrieren. Und welche Mühe, mit diesen überaktiven und unterbedachten Erwachsenen Schritt zu halten! Oft verpassen wir die Blüte, die auf den Nachmittag wartet, im atemlosen Kampf um den Morgen. *Muscheln, 73*

Man wollte in der Lebensmitte geliebt werden, wenn der Frühling des Lebens vorüber, wenn man dick und grau und müde war, ja sogar entmutigt und unwirsch – in seiner ganzen Unvollkommenheit. Man wollte seine Schwächen verziehen haben, wollte trotz dieser Schwächen geliebt werden, in guten wie in bösen Tagen. *Herz, 77*

Man könnte frei sein, Gemüt, Herz und Talente zu entwickeln; endlich frei sein für ein geistiges Wachstum. *Muscheln, 74*

Denn könnte man die Mitte des Lebens nicht als eine Zeit zweiter Blüte, zweiten Wachstums betrachten, ja sogar als eine Art zweiter Jugend?
Muscheln, 73

4. Die Argonauta: Liebe wie ein Tanz

Bei den Argonauten dient die Muschel nur als Wiege für die Jungen, welche die Argonauten-Mutter im Arm hält, wenn sie an die Meeresoberfläche schwimmt, wo die Jungen ausschlüpfen und fortschwimmen. Dann verabschiedet sich die Argonauten-Mutter von ihrer Muschel und beginnt ein neues Leben. *Muscheln, 76*

Gezeiten der Liebe

Wenn man jemanden liebt, so liebt man ihn nicht die ganze Zeit, nicht Stunde um Stunde auf die ganz gleiche Weise. Das ist unmöglich. Es wäre sogar eine Lüge, wollte man diesen Eindruck erwecken. Und doch ist es genau das, was die meisten von uns fordern. Wir haben so wenig Vertrauen in die Gezeiten des Lebens, der Liebe, der Beziehungen. Wir jubeln der steigenden Flut entgegen und wehren uns erschrocken gegen die Ebbe. Wir haben Angst, sie würde nie zurückkehren. Wir verlangen Beständigkeit, Haltbarkeit und Fortdauer; und die einzig mögliche Fortdauer des Lebens wie der Liebe liegt im Wachstum, im täglichen Auf und Ab – in der Freiheit; einer Freiheit im Sinne von Tänzern, die sich kaum berühren und doch Partner in der gleichen Bewegung sind. *Muscheln, 92*

[Bei den alternden Menschen ist] die beste aller menschlichen Beziehungen zu finden: [...] die Begegnung zweier in sich vollendeter, reifer Menschen als Persönlichkeiten. *Muscheln, 78*

Die Argonauta: Liebe wie ein Tanz

Aber diese neue Beziehung von Mensch zu Mensch, diese menschlichere Liebe, diese Konzeption von der Zwei-Einsamkeit ist etwas, das nicht mühelos kommt. Wie alles fest verwurzelte Wachstum muß es allmählich gewachsen sein. [...] Ein solches Stadium kann meines Erachtens im Leben nur als Teil eines Entwicklungsprozesses, als Folge gewisser wesentlicher Entwicklungen der einzelnen Partner, erreicht werden und darf nicht als Geschenk oder glücklicher Zufall kommen.

Muscheln, 79

Und diese größere Ganzheit in jedem Menschen, dieses »Eine-Welt-für-sich«-Sein – bedeuten sie nicht erhöhtes Sich-selbst-genügen und dementsprechend auch eine größere Trennung zwischen Mann und Frau? Gewiß, mit der Entfaltung kommt die Differenzierung und die Trennung wie bei einem Baumstamm, dessen Einheit sich teilt, wenn er wächst, und sich in Ästen, Zweigen und Blättern ausbreitet. Aber der Baum ist immer noch eine Einheit, und seine verschiedenen Teile leben voneinander.

Muscheln, 81

Gezeiten der Liebe

Die beiden getrennten Welten oder die beiden Einsamkeiten werden einander gewiß mehr geben können, als wenn jede von ihnen eine unzulängliche Hälfte wäre.

Muscheln, 82

Man braucht nicht die gleiche Ehe zu führen wie alle anderen. Im Gegenteil, das gibt es gar nicht. Jedes Paar schafft sich seine eigene Ehe [...] Und doch gibt es etwas, das für alle gilt – [...] Das ewige Verlangen, eins zu werden; der nur in kurzen Augenblicken verwirklichte Traum von der völligen Vereinigung.

Herz, 166

Ist das Herz voll Liebe, bleibt kein Raum mehr für Angst, Zweifel und Unentschlossenheit. Und diese Furchtlosigkeit ist es, die gute Tänzer aus uns macht. Wenn jeder Partner so vollkommen in der Liebe aufgeht, daß er vergißt zu überlegen, ob er wiedergeliebt wird; wenn er nur noch weiß, daß er liebt und sich zur Melodie dieser Liebe bewegt – dann, und nur dann, können sich zwei Menschen in vollkommenem Einklang, in gleichem Rhythmus bewegen.

Muscheln, 90

Die Argonauta: Liebe wie ein Tanz

Eine gute Beziehung ist wie ein Tanz und baut sich nach den gleichen Regeln auf. Die Partner bedürfen eines festen gegenseitigen Haltes, denn sie bewegen sich vertrauensvoll nach der gleichen Choreographie, die zwar kompliziert, aber heiter, schnell und leicht ist wie ein Menuett von Mozart.

Muscheln, 88

Hier ist kein Raum für die besitzergreifende Umklammerung, den Arm auf der Schulter, die schwere Hand; nichts als eine leise Berührung im Vorübergehen. Sei es Arm in Arm, sei es Auge in Auge, sei es Rücken gegen Rücken – das bleibt sich gleich. Denn man weiß, daß man der Partner des anderen ist, daß man sich im Gleichklang bewegt, daß man dem gleichen Formgesetz folgt und unsichtbar von ihm gespeist wird.

Muscheln, 89

Die Liebe, die sich im Dienen ausdrückt, die keine Worte braucht und doch alles durchdringt, die das tägliche Leben verändert [...], war von allen Erfahrungen die beste.

Herz, 218

Gezeiten der Liebe

Zuerst die Berührung, die intime Berührung der persönlichen Umwelt im einzelnen (die Arbeit im Haus, das Gespräch am Kamin); dann der Verlust der Intimität im großen Strom des Unpersönlichen und Abstrakten (der schweigende Strand, die bestirnte Kuppel über uns). Beide Partner verlieren sich im gemeinsamen Meer des Universums, das absorbiert und dennoch befreit, das trennt und dennoch verbindet. Entspricht das nicht dem, was die reifere Beziehung, die Begegnungen der beiden Einsamkeiten, sein sollte?

Muscheln, 91

II

Gezeiten des Frauseins

1. *Von der Zerrissenheit*

Zersplitterung ist, war und wird wohl immer ein Grundzug im Leben der Frau sein. *Muscheln, 2*

Frau zu sein bedeutet, daß die Interessen und Pflichten wie die Speichen von einer Radnabe vom Muttertrieb in alle Richtungen ausgehen. Unser Lebensmuster entspricht im Grunde einem Kreis. Wir müssen nach allen Himmelsrichtungen hin offen sein – Mann, Kinder, Freunde, Heim, Gemeinde – und jeden Lufthauch, jeden Anruf, der auf uns zukommt, wie ein ungeschütztes, ausgespanntes Spinnweb registrieren. *Muscheln, 22*

Man hält sehr oft das Kinderkriegen für die einzige schöpferische Leistung der Frau, ihre übrigen Hervorbringungen aber sind gerade heute meist dem Blick verborgen. Unsere Arbeit besteht darin, die tausendfältigen, schier unvereinbaren Einzelheiten des Haushalts, des täglichen Familienlebens und der gesellschaftlichen Verpflichtungen in eine harmonische Form zu bringen. Es ist eine Art verwickeltes Puzzle mit unsichtbaren Teilchen, womit sich unsere Finger

Von der Zerrissenheit

beschäftigen. Wie können wir auf diesen ewigen Wirrwarr von Hausarbeit, Besorgungen und bruchstückhaften menschlichen Beziehungen als auf eine Schöpfung hinweisen? Es fällt sogar schwer, ihn als eine sinnvolle Tätigkeit anzusehen, denn vieles geschieht rein automatisch. Die Frau fühlt sich allmählich wie ein Klappenschrank oder ein Waschautomat. *Muscheln, 39*

Das ganz gewöhnliche Alltagsleben ist so heikel, so atemberaubend, so schwierig, verlangt einem so unglaubliche physische und mentale Kontrolle und Kräfte ab wie der Tanz über ein Drahtseil. *Blume, 61*

Das Leben, das ich als Frau und Mutter gewählt habe, zieht eine ganze Karawane von Komplikationen nach sich. [...] Es dreht sich um Nahrung und Behausung, um Mahlzeiten, Einteilen, Einkäufe, Rechnungen und ein tausendfältiges Fertigwerden mit den Gegebenheiten. Es besteht nicht nur aus Schuster, Schneider, Scherenschleifer, sondern aus zahllosen weiteren Fachleuten, mit deren Hilfe mein modernes Haus mit seinen modernen »Erleichterungen« (Elektrizität, Installation, Kühlschrank, Gasherd, Ölheizung, Waschmaschine, Radio, Auto und anderen arbeitssparenden Erfindungen) richtig funktioniert. Es dreht sich um Gesundheit, um Ärzte, Zahnärzte, Konsultationen, Medizinern, Lebertran, Vitamine, den Gang zur Apotheke. Und um die Erziehung: ethische, intellektuelle, körperliche; Schulen, Besuche bei den Lehrern, die Fahrten zum Sportplatz und den Weg zum Musikunterricht, Nachhilfestunden, Ferienlager, Zeltausrüstungen und zahllose Bahnfahrten. Die Kleidung: Einkaufen, Waschen, Reinigen, Flikken, Säume-Auslassen und Knöpfe-Annähen oder die Suche nach jemandem, der diese Arbeiten übernimmt. Dazu kommen die Freunde; die Freunde meines Mannes, meiner Kinder und meine eigenen, und die endlosen Verabredungen, bis alles klappt; Briefe, Einladungen, Telefonate und die Wege von einem zum anderen. [...] Das Leben umschließt nicht nur die Bedürfnisse der Familie, sondern auch die der Gemeinde, der Nation, der Welt, und beansprucht den verantwortungsbewußten Bürger durch erdrückende soziale und kulturelle Anforderungen, durch Presse, Rundfunk, Wahlkampagnen, Wohltätigkeit und so weiter. [...] Jeder Tag ist ein Balanceakt auf dem Hochseil, mit einem Stapel Bücher auf dem Kopf. Kinderwagen, Regenschirm, Küchenstuhl – alles noch im Gleichgewicht! Nur immer mit der Ruhe! *Muscheln, 20*

Der Wunsch nach vollkommener Bestätigung, der Wunsch, als Individuum gewertet zu werden und nicht als Sammelbegriff verschiedener Funktionen, der Wunsch nach völliger und sinnvoller Hingabe verfolgt uns unablässig und trägt mit dazu bei, daß wir uns in immer neue Zerstreuungen, illusorische Liebesabenteuer oder in den rettenden Hafen der Krankenhäuser und Sprechzimmer flüchten. *Muscheln, 39*

Doch nachts, wenn der Körper und die Hände endlich ruhen, jagen die Gedanken unablässig, man spricht fieberhaft, argumentiert, erklärt Dinge, die man im Laufe des Tages nicht sagen konnte. Der so unbarmherzig gefangengehaltene Geist bricht alle Dämme und irrt nachts herum, beschäftigt sich mit den Problemen des Lebens – der Ehe, der Kinder, der Arbeit. Und kein Schlaf, bis die halbgeöffnete Tür vor Morgengrauen im ersten zaghaften Licht verschwimmt. Ich konnte es wie eine Säule am Fuße meines Bettes erkennen. *Räume, 222*

Gezeiten des Frauseins

Aber die Frau findet in gewissem Maß bei jedem neuen Kind etwas wieder, was, zumindest in der Absorbiertheit, jener frühen, reinen Beziehung (der ursprünglichen Verliebtheit) ähnelt. In der behüteten Selbstverständlichkeit der ersten Tage nach der Geburt des Kindes spüren wir wieder den geschlossenen magischen Kreis, das Wunder zweier nur für einander existierender Menschen, sehen wir die himmlische Ruhe, die sich im Gesicht der stillenden Mutter spiegelt. *Muscheln, 56*

Ist es nicht das, was jede Frau empfindet: das Bedürfnis, sich unentwegt zu verströmen? Der ganze Instinkt der Frau – der ewigen Nährmutter der Kinder, der Menschen, der Gemeinschaft – verlangt, daß sie sich ausgibt. Ihre Zeit, ihr Wille, ihre schöpferische Kraft fließen, wenn irgend möglich, in diese Kanäle. Nach überlieferter Lehre und aus instinktivem Bedürfnis geben wir dort, wo wir gebraucht werden – und ohne zu zögern. Seit Urzeiten verströmt sich die Frau in vielfältigen Rinnsalen an die Durstigen und nur selten hat sie die Zeit, die Ruhe und den inneren Frieden, den Krug wieder bis zum Rand aufzufüllen. *Muscheln, 38*

Von der Zerrissenheit

Natürlich kann man Hunger nicht nur mit dem Gefühl der Unentbehrlichkeit stillen. Auch ein sinnvolles Geben muß aus irgendeiner Lebensader gespeist werden. Der Körper, der die Muttermilch abgibt, muß Nahrung haben. Wenn es die Aufgabe der Frau ist zu geben, so muß sie auch wieder bekommen. *Muscheln, 40*

Starr und kerzengerade, frisch, unnahbar und in jugendlichem Unmut stehen sie [die Tulpen] da – sie brechen einem in ihrer spröden Schönheit, die nur von kurzer Dauer ist, wahrlich das Herz, weiß man doch, daß sie bald geziemend die Köpfe hängen lassen werden, sie ihr starres, kompromißloses Staunen verlieren und einen Anblick der Ergebenheit bieten werden.

Ich wollte mich ganz ruhig hinsetzen und sie so lange betrachten, bis ich dem Geheimnis, das ich in ihnen verborgen wähnte, auf die Spur gekommen wäre. Aber das ging nicht. Ich muß arbeiten, muß Kapitel verfassen, sie wieder korrigieren, dafür sorgen, daß die Kinder ihr Essen bekommen, muß Briefe schreiben und ins Bett.

Als ich dann im Bett lag, dachte ich voller Bedauern und Enttäuschung an sie, als sei mir etwas Unschätzbares entgangen.

So ist das anscheinend im Leben. Für Offenbarungen ist weder Zeit noch Raum vorhanden.

Blume, 172

Ist es einer Frau nicht möglich, eine Frau zu sein und neben Kindern etwas Konkretes zustande zu bringen, etwas, das in der Männerwelt bestand hat? Mit anderen Worten, ist es möglich, gleichzeitig den weiblichen und männlichen Lebensanforderungen zu genügen? Könnten sie identisch werden? (Wie bei den Feministinnen.)

Ich bin schließlich, nachdem ich viele Phasen durchgemacht habe, zu dem Schluß gekommen, daß es mir nicht möglich ist. [...] Da werden Opfer verlangt, die ich nicht zu bringen bereit bin. Nicht, daß ich nicht an Schriftstellerinnen, Fliegerinnen oder Ärztinnen etc. glaubte. Nicht, daß ich nicht davon überzeugt wäre, daß sie Männern ebenbürtig sein können – wenn sie das wollen – auf manchen Gebieten (die Feministinnen haben uns bewiesen, daß das möglich ist), sondern weil ich glaube, daß sie damit genau die Vorteile und Qualitäten opfern, die echt weiblich sind.

Blume, 129

Von der Zerrissenheit

Ich glaube nicht, daß Frauen »geradeheraus« sein, versuchen sollten, sich festzulegen. Sie sollten alles offenlassen, »rund« sein. (Klingt das widersprüchlich?) Ich finde, sie sollten in jeder Hinsicht gewandt, rezeptiv und sensitiv sein. Sie sollten vielerlei Strömungen erfassen, den verschiedensten Appellen ihr Ohr nicht verschließen und – auch Zerstreuungen nicht abhold sein. So daß sie, reich an Kenntnissen und Wissen, voller Sympathie und Toleranz, als eine Art Hintergrund für ihre Männer fungieren. Starke Rückhalte geistiger und emotionaler Kräfte, wozu sie aufgrund ihrer Lebensweise und Funktionen etc. meiner Meinung nach bestimmt sind.

Blume, 96

Sinnvolles Geben zehrt weit weniger am Lebensnerv, denn es gehört zu den natürlichen Formen des Gebens, bei denen sich die Kräfte im gleichen Maß zu erneuern scheinen, in dem sie sich verzehren. Je mehr man gibt, desto mehr hat man zu geben – es ist wie mit der Milch in der Mutterbrust.

Muscheln, 39

Ich jedenfalls hatte durchaus festumrissene und sachliche Vorstellungen. Ich wollte nicht einfach »jemandes Ehefrau« sein. Ich wollte meine eigene Arbeit leisten und bis zum gewissen Grad mein Eigenleben besitzen. Ich erwartete von meiner Arbeit greifbare Erfolge. [...] Ich fange an zu glauben, daß die (meisten) Frauen nie um der wägbaren Erfolge willen arbeiten sollten oder gar wegen Zensuren. Sie müssen bereit oder klug genug sein, um ihre Aufgaben in etwas weit Wichtigerem und durchaus Ungreifbarerem zu erkennen, in etwas, das die Ehemänner, Kinder, das Zuhause, die Herkunft, den Charakter und dazu die Arbeit umfaßt. Doch die Arbeit ist nur ein Teil davon, lediglich eine Speiche im Rad, das sich ohne diese Speiche vielleicht nicht so reibungslos dreht, sie ist jedoch nichts Endgültiges, kein gesetztes »geradliniges« Ziel. Unsere Großmütter ließen, glaube ich, jene Speiche, »das eigene Zimmer« aus dem Rad weg (sie konnten auch nicht wirklich etwas ändern), und unsere Mütter (ich spreche von der Generation der Feministinnen) dachten nicht daran, »alles offenzuhalten, rund zu sein«, sie wollten und bewiesen es (in mancher Hinsicht auch), das »gezielte Resultat«. Wir müssen nun irgendwie beides bewältigen. Wir brauchen unsere eigene Arbeit, um die

Von der Zerrissenheit

größere Aufgabe, die uns gestellt ist, zu bereichern, aufzuhellen oder anzuspornen. Eine Sache, die wir nicht sehen können, die ungreifbar ist, für die es keinen Lohn gibt, an der wir ständig weiterarbeiten, und an die wir auch dann glauben müssen, wenn es die Menschen unserer Umgebung vielleicht nicht tun. (Besonders die Männer; Männer werden weiterhin von uns reale Resultate erwarten, da sie selbstverständlich die ihnen gemäßen Bedingungen für ihr Handeln sind und sein müssen, da sie dafür arbeiten.)
Blume, 97

Die Menschheit von heute steht völlig unvorbereitet vor der Tatsache, daß ihr Lebensraum der ganze Erdball ist. Die Welt um uns rumort in Eruptionen, die immer weitere Kreise ziehen. Die Spannungen, Konflikte und Leiden noch der äußersten Kreise berühren uns alle und schwingen in jedem von uns nach. Wir können uns diesen Erschütterungen nicht entziehen. Aber wieweit können wir diesem planetarischen Bewußtsein Rechenschaft tragen? Man verlangt heute von uns, daß wir mit allen Geschöpfen der Erde Mitgefühl haben, daß wir alle Informationen, die durch die Rotationsmaschinen verbreitet werden, verstandesmäßig verarbeiten, und daß wir jedem ethischen Impuls unseres Herzens und unseres Verstandes durch die Tat Ausdruck verleihen. Die Zusammenhänge im Weltgefüge verbinden uns mit mehr Menschen, als unser Herz fassen kann. [...] Die modernen Nachrichtenmittel bürden uns mehr Probleme auf, als die menschliche Natur aushalten kann. *Muscheln, 106*

Als Frau stört mich die Ungerechtigkeit.

Blume, 303

Ich dachte darüber nach, wieviel Vertrauen ich zum Leben nötig habe – Vertrauen, das jeder braucht, besonders Frauen –, ein absolutes, kindliches und vollkommenes Vertrauen, über das wir in meiner Generation gelacht haben. Die Art von Vertrauen, die am besten in der Bibel dargestellt ist, ein Vertrauen, das Gideon bei seinem Marsch um die Mauern bewies. Trotz unserer heutigen Einstellung zur Religion gibt es in der Bibel Lehren, die nirgends besser aufgeführt werden. Wahrheiten, die nur in ihren Symbolen zu finden sind. *Räume, 303*

Meine allgemeine Lebensangst ist das Gefühl, daß zu beiden Seiten des wunderschönen Pfades, den man in unschuldiger Wonne wenige Sekunden lang beschreitet, tiefe Gruben lauern. Daß ganz dicht unter der Oberfläche dieses bezaubernden Glanzes eines sicheren, friedlichen, normalen Lebens Schrecken und Unerträgliches verborgen liegen. Mache einen Ritz in diese Oberfläche, und es ist da. Ich glaube, daß dieses generelle Unsicherheitsgefühl meine Ängste und meine Schüchternheit in vieler Hinsicht erklärt.

Blume, 45

2. Von der Einfachheit

Eine Lösung [heraus aus der Zerrissenheit] wäre, das Leben zu vereinfachen und die Zerstreuung einzuschränken.

Muscheln, 24

Es sind triviale, äußerliche Dinge, die auf tiefe Quellen der Sicherheit, des Vertrauens, des Friedens verweisen und somit auf die ganze unbewußte, kaum wahrgenommene, kostbare Struktur des Lebens.

Räume, 269

Gezeiten des Frauseins

Die Lösung besteht nicht in der fieberhaften Jagd nach zentrifugalen Betätigungen, die schließlich nur zur Zersplitterung führen. [...] Sie [die Frau] kann nicht in ewiger »Zerrissenheit« leben. Sie wird in tausend Stücke zerspringen. Sie muß im Gegenteil bewußt jene Bemühungen unterstützen, die den zentrifugalen Kräften der heutigen Zeit Widerpart bieten: die Bemühungen um ruhige, besinnliche Stunden allein, Gebet, Musik, systematisches Denken, Lesen oder Studieren. Jedes schöpferische Leben, ob physischer, intellektueller oder künstlerischer Natur, das den eigenen Bedürfnissen entspringt, ist dazu angetan. Es muß weder eine anspruchsvolle Aufgabe noch ein bedeutendes Werk sein. Aber es sollte von einem selbst sein. *Muscheln, 48*

Es ist die gleiche Sicherheit, die das rhythmische Wiegen auf dem Schoß der Mutter schenkt, jene unendliche Geborgenheit, die das Kind, das Angst vor der Dunkelheit hat, nachts umfängt, wenn es den Erwachsenen, der bei ihm schläft, nur leicht, ganz leicht, mit dem Ellbogen oder dem Knie berührt. *Räume, 268*

Von der Einfachheit

Mir fiel neben all diesen Frauen [Gesellschaftsdamen] nichts ein, wie immer, wenn ich es mit diesem rein konventionellen, gesellschaftlichen Frauentypus zu tun habe. Ich glaube, ich stehe dann ganz ruhig da, starre sie schweigend an und warte, bis sie alles heruntergehaspelt haben. Einmal muß das Ende ja kommen – ein eher klägliches Ende. Ich möchte sie alle gerne schütteln, etwas Reales entdecken, etwas, was in ihnen steckt. Was immer es auch sein mag, es muß besser sein als dieser äußere Anstrich, der nichts – ja schlimmer als nichts ist. Eine Absage an das Leben.
Blume, 47

Und die meisten von uns, die wir Einfachheit wählen könnten, wählen die Komplikation. Krieg, Gefangenschaft, Überleben zwingen dem Menschen Einfachheit auf. Der Mönch und die Nonne wählen sie freiwillig. Findet man sie aber [...] zufällig, dann findet man auch die heitere Gelassenheit, die sie uns schenkt.
Muscheln, 27

Heute abend hatte ich mir Bratapfel mit Sahne bestellt (ich schwankte zwischen dem und Cornflakes), und während des ganzen Abendessens trauerte ich den Cornflakes nach. Und später kam mir der Gedanke, daß das Leben so leicht ein ewiges »Ach, hätte ich nur Cornflakes bestellt« sein könnte...

Stunden, 20

3. Vom Alleinsein

Was wirft es für ein Licht auf unsere Zivilisation, wenn das Bedürfnis nach Einsamkeit verdächtig erscheint; wenn man sich dafür entschuldigen, wenn man es verbergen muß wie ein geheimes Laster!

Muscheln, 42

Es ist die Wüste in unserer Seele, das Brachland in unseren Herzen, durch das wir fremd und verloren streifen. Ist man sich selber fremd, dann ist man auch den anderen entfremdet. Ohne Zugang zum eigenen Ich kann man auch keinen Zugang zu anderen finden.

Muscheln, 36

Vom Alleinsein

Das Pendel muß zwischen Einsamkeit und Gemeinsamkeit, zwischen Einkehr und Rückkehr schwingen.

Muscheln, 24

Wir müssen das Alleinsein erst wieder lernen. Das ist heute eine schwierige Lektion – seine Freunde und seine Familie zu verlassen, um sich vorsätzlich eine Stunde, einen Tag oder eine Woche lang in der Kunst des Alleinseins zu üben. Am schwersten fällt mir die Trennung; Abschiednehmen ist immer schmerzlich, selbst wenn es nur für kurze Zeit ist. Ich empfinde es wie eine Amputation. Ein Glied wird ausgerissen, ohne das ich nicht leben kann. Und dennoch, ist es einmal geschehen, entdecke ich in der Einsamkeit etwas unglaublich Kostbares. Das Leben flutet reicher, intensiver, voller in die Leere zurück.

Muscheln, 34

Ich beobachtete die horizontalen Rillen der Wellen im Sand und dachte dabei an alles Horizontale, das mich jetzt und von jeher friedlich stimmte – Wellen, die langen Wellenspuren auf dem Sand, flache Buchenzweige, übereinandergeschichtete Kiefernzweige und Wolkenbänke am späten Nachmittagshimmel – Horizonte, Schritte. Ich versuche mir vertikale Dinge, die einen friedlich stimmen, einfallen zu lassen: hoch aufragende, dicht beieinanderstehende kühle, dunkle Tannen in einem Wald, doch von ihnen geht für mich kein Friede aus. Sie ziehen einen nach oben, strecken einen, lassen einen wachsen. Dann wurde mir bewußt, woher meine Vorstellung kam. Vertikal ist der aufrechte Mensch, der wache, aktive, im Wachstum begriffene. Horizontal ist die Stellung des schlafenden Menschen, des liegenden, ruhenden. Die Vertikale zeigt die Kraft an, die Horizontale bedeutet Frieden.

Räume, 261

Da wir nicht wissen, wie wir die Seele nähren sollen, versuchen wir, ihr Verlangen durch Zerstreuungen zu beschwichtigen. Statt das Zentrum, die Achse des Rades, zum Stillstand zu bringen, fügen wir unserem Leben noch mehr zentrifugale Tätigkeiten hinzu, die uns aus dem Gleichgewicht bringen können.

Muscheln, 44

Vom Alleinsein

Denn es ist nicht die körperliche Einsamkeit, die uns von den anderen Menschen trennt, nicht die körperliche, sondern die seelische Isoliertheit.

Muscheln, 36

Es ist ein ganz neues, seltsames Gefühl – ich komme oberflächlich mit so vielen Leuten (viel mehr als früher) in Berührung, und doch kommt niemand mit mir in Berührung. Die Einsamkeit ist sehr schön und sehr wünschenswert hier – ich habe sie wirklich gern – alles außer einer Art körperlicher Einsamkeit, die ich bisher noch nie empfunden habe. Früher verstand ich nie dieses verrückte (so schien es mir) Verlangen gewisser Leute, einfach nur Menschen – irgendwelche Menschen – um sich zu haben. Geistige Einsamkeit ist kaum möglich, und ich konnte nie begreifen, daß es noch eine andere, vollkommen vernünftige Art von Einsamkeit gibt, obwohl ich sie nicht sehr stark empfinde. *Einhorn, 63*

Wie oft habe ich in der großen Stadt einem Freund die Hand gegeben und die Wüste gespürt, die ihn von mir trennte. Beide wanderten wir über verbrannte Steppen und hatten den

Gezeiten des Frauseins

Weg zu den Quellen verloren, die uns nährten – oder hatten sie versiegt gefunden. Langsam begreife ich, daß man nur durch die Verbundenheit mit dem eigenen Wesenskern den anderen verbunden ist. Und ich bin der Meinung, daß man das eigene Ich, die innere Quelle, am besten in der Einsamkeit wiederfindet. *Muscheln, 36*

Tatsächlich sind es die wichtigsten Momente im Leben, in denen man allein ist. Bestimmte Quellen können wir nur erschließen, wenn wir allein sind. Der Künstler, der etwas hervorbringt; der Schriftsteller, der Gedanken Gestalt werden läßt; der Musiker, der komponiert; der Heilige, der betet – sie wissen, daß sie dazu allein sein müssen. Die Frau aber braucht die Einsamkeit, um ihre eigentliche Bestimmung wiederzufinden: jenen festen Faden, der das ganze Netz menschlicher Beziehungen zusammenhält. *Muscheln, 42*

Jeder Mensch, besonders jede Frau, sollte einmal im Jahr, einmal in der Woche, einmal am Tag allein sein. Wie revolutionär das klingt und wie undurchführbar! *Muscheln, 40*

Vom Alleinsein

Das Arrangieren von Blumen in einer Vase am Morgen vermag an einem überfüllten Tag das gleiche Gefühl innerer Ruhe zu geben wie das Niederschreiben eines Gedichts oder ein Gebet. Wichtig ist nur, daß man für eine Weile nach innen horcht.

Muscheln, 48

Ich sage, daß die Apathie die natürliche Reaktion auf den Zwang ist, den man sich auferlegt hat, um Sachen zu tun, die man nicht machen wollte. Wenn man sich zwingt, wird die Geschichte nur schlimmer. Man kann nur nachgeben. Das ist, glaube ich, wie beim Segeln. Man kann ein Boot nicht dazu bringen, weiter in den Wind hineinzusegeln, als es möglich ist, und wenn man es versucht, verliert man Geschwindigkeit und Kontrolle. Das einzige, was man machen kann, ist, es laufen zu lassen, wie es will. Es wird hin und her schlingern und dann plötzlich den Wind einfangen, sich darin verbeißen und segeln, Geschwindigkeit und Kontrolle wiedererlangen. Dann natürlich ist man außer Kurs geraten und muß zurücklavieren. Aber man kommt so dennoch rascher ans Ziel.

Räume, 288

Auch die Kirche ist immer eine zentrierende Kraft im Leben der Frau gewesen. Jahrhundertelang gehörte den Frauen diese ruhige ungestörte Stunde, in der sie sich sammelten. Kein Wunder, daß die Frau eine wesentliche Säule der Kirche war. Hier genoß sie mit der Billigung der Familie und der Allgemeinheit die Vorteile eines eigenen Raumes und einer Stunde der Besinnung, die Ruhe und den Frieden – alles in einem. [...] Sie konnte sich in dieser Stunde völlig der Andacht, dem Gebet, dem Abendmahl hingeben und vollkommene Bestätigung finden. Und in dieser Hingabe und Bestätigung erneuerte sie sich; die Quellen bekamen Nahrung.

Muscheln, 45

Noch immer ist die Kirche ein machtvoller Mittelpunkt, in welchem sich Männer und Frauen sammeln, und wir brauchen sie notwendiger als je zuvor.

Muscheln, 46

[Ich will] mich daran erinnern, daß die Frau innerhalb des Getriebes ihrer Pflichten so ruhig sein muß wie die Nabe eines Rades; daß sie der Vorkämpfer für diese Ruhe sein muß, nicht nur um ihrer eigenen Rettung willen, sondern um die Familie, die menschliche Gesellschaft, ja vielleicht sogar unsere Zivilisation zu retten.

Muscheln, 50

4. Vom Mündigwerden

Die Frau muß [...] lernen, unabhängig zu werden, und sie darf nicht glauben, sie müsse ihre Kraft im Wettstreit mit anderen erproben. In früheren Zeiten pendelte sie zwischen zwei extremen Polen, zwischen Abhängigkeit und Wettstreit, zwischen den Prinzipien der viktorianischen Ära und denen der Frauenrechtlerinnen. Aber beide Extreme brachten sie aus der Balance; in keinem liegt der Kern, der wahre Kern echter Weiblichkeit. Sie muß ihr Zentrum allein finden. Sie muß ein Ganzes werden. *Muscheln, 80*

Ich war ziemlich spät an den schmerzlichen Punkt im Wachstumsprozeß gelangt, an dem man erkennt, daß die angebeteten Eltern nicht unfehlbar sind – oder wenigstens, daß der eigene Standpunkt, daß Bewertungen und Geschmacksrichtungen sich nicht mit den ihren decken. Wie soll man sich von den überholten Formen lösen, ohne dabei einem geliebten Menschen Schmerz zuzufügen und sich selbst wegen der eigenen Untreue und Schuld zu quälen. *Räume, 16*

Die Frau wird am leichtesten den Weg zu sich finden, wenn sie sich in irgendeiner selbständigen schöpferischen Tätigkeit verliert. Dort wird sie ihre Kraft wiederfinden, die Kraft, die sie braucht, um sich mit der anderen Seite des Problems zu beschäftigen – der vernachläßigten reinen Beziehung. Nur ein Mensch, der zu sich selbst zurückgefunden hat, kann zu einem anderen Menschen zurückfinden. *Muscheln, 57*

III

Gezeiten des Schmerzes

1. Vom Kummer

Den ganzen Tag habe ich daran gedacht und mir immer gesagt: »Drei Dinge überleben den Tod. Es sind Mut, Erinnerung und Liebe.« *Räume, 318*

Das grauenhafte Gefühl der Tragödie – nicht der Tragödie, sondern eines nackten, schwarzen, verzweifelten Entsetzens, das nicht von einem wich; keine Tränen, nur dieses nackte, schwarze Entsetzen überall, wie eine verbrannte, verkohlte Landschaft.

Es schien unmöglich, von welcher Seite man es auch betrachtete, und doch war es da, gab es nichts anderes auf der Welt. Gibt es überhaupt irgend etwas Schönes, Gutes, Liebenswertes auf dieser Welt, wenn solche Dinge geschehen können? *Einhorn, 114*

Wenn man aber im Augenblick des Nachdenkens unglücklich ist, erinnert man sich unvermeindlich an all die anderen Male, als man sich genauso fühlte. Sie scheinen endlos, scheinen zurückzureichen, so weit man sehen kann, scheinen mit genau dem gleichen Gesicht wie in Spie-

Vom Kummer

gelkabinetten durch lange Gänge auf einen herabzuschielen. Diese beiden Augenblicke erscheinen absolut ohne Zusammenhang – abgeriegelte Flure ohne Verbindungstüren und mit nur einem Zugang.
Einhorn, 77

Damals hatte er gelernt, daß man im Leid immer allein ist, auch wenn man mit einem anderen am selben Leid zu tragen hat. Leid läßt sich nicht teilen. Jeder trägt seine Bürde allein, auf seine Weise.
Herz, 215

Inmitten des größten Kummers wünscht man sich plötzlich, daß sie schon fort wären. Man möchte, daß dieser schreckliche Zeitpunkt vorbei ist. Man weiß, daß er unvermeidlich vorüber sein wird. Kann nichts aufhalten. Die Tatsache, daß man den Fortgang des Menschen wegen seiner Unausweichlichkeit nicht aufhalten kann, nimmt das Geschehen vorweg. Schon sind sie fort – man vermißt sie bereits –, der Schlag hat einen schon getroffen. Schnell, laßt uns auf das nichtige Händeschütteln verzichten, auf diese billigen momentanen Tricks. Übernehmen wir doch die neue Beziehung – akzeptieren wir sie doch, wie wir müssen. Schluß mit diesem Geschwänzel um vergängliche Hüllen. Dann – voll Schrecken – Gott! Was tue ich? Dieses kostbare Wesen ist noch da – laß es mich bewahren, solange ich es vermag!

Räume, 25

Wenn Menschen sich Freunde erwählen, die irgendwo einen großen Kummer haben, so tun sie das nicht so sehr, um sie abzulenken oder ihre Herzen zu erleichtern, indem sie sie unterhalten und erfreuen, oder um sie ihn gar vergessen zu machen, sondern um ihnen eine Art Frieden zu geben, den die sich gewahren können, während das andere ihnen noch anhaftet, einen Frieden (eine Resignation vielleicht), der darauf beruht, daß man die Weite des menschlichen Lebens und Leides sieht. Dein eigener Kummer wird darin geschluckt, wird ein Teil davon, und du kannst ihn hinnehmen in dem Wissen, daß so viele Menschen ihn mit dir hinnehmen.

Einhorn, 132

Aber der Kummer anderer Menschen, den man nicht lindern kann, ist am schwersten zu ertragen.

Blume, 333

Vom Kummer

Ich habe ein sehr schmerzliches Gedicht über eine Mutter, deren Junge nicht mehr lebt, aufgeschrieben, das man mir erzählt hat. Es geht mir immer wieder durch den Kopf: Wie erfolgreich, / so möchte ich wissen, / war heute mein Libellenjäger?

Stunden, 186

Die Erfahrung des Grauens ist vielleicht nicht so allgemein und doch, wenn man auf die letzten vierzig Jahre zurückblickt, was für Schrecknisse sind durchgemacht worden, und das nicht nur von einzelnen, sondern von unendlich vielen Menschen in der Welt; die Massenmorde durch Krieg, Bombardements der Zivilbevölkerung, Konzentrationslager, Folter, Gaskammern, Massenexekutionen, Hiroshima und Nagasaki, Lynchjustiz und Justizmorde und »nur« durch Straßenkriminalität, die in unseren Städten unglaubliche Ausmaße angenommen hat.

Stunden, 205

Auf dem ganzen Rückweg hat mich der Gedanke gemartert, daß ich zu der Realität seines [des Vaters] Todes (und des Todes überhaupt) keine Beziehung herstellen kann; vielleicht werde ich das auch nie können. Ich war zwischen einer unbezwingbaren physischen Erregung, einem zeitweiligen krampfartigen Schmerz und Perioden langanhaltender Betäubung hin- und hergerissen, in denen ich alles von einer hohen Warte in Zeit und Raum zu betrachten vermochte.

Stunden, 195

Eine lange, lange Woche, die jetzt so seltsam, unwirklich und künstlich wirkt und plötzlich in der Vergangenheit versank. Eine Woche falscher Hoffnungen, falscher Träume; mit allen möglichen Plänen und Vorstellungen, die jetzt ganz irrelevant erscheinen – denn Elisabeth [Annes Schwester] starb. Wege, die abgesteckt waren und niemals irgendwohin führten, halbbeendete Sätze, halbfertige Entwürfe der Zukunft – alles gegenstandslos, ein Kartenhaus, das ein Hauch umwehen konnte. Die Zukunft, die wie eine junge Saat zu wachsen begonnen hatte (wir mußten sie mit demselben Vertrauen setzen, das wir immer hatten), ist bis auf ihre Grundfesten niedergebrannt.

Räume, 221

Vom Kummer

Wenn jemand in der eigenen Familie stirbt, nimmt man das nicht als Tod auf. Es ist einfach nicht der Tod, sondern etwas anderes – schrecklich erschütternd und persönlich, etwas, das niemals jemand anderer durchgemacht hat. *Räume, 23*

Es ist ganz richtig, wenn man sagt, daß man im Alter darauf [auf den Tod] gefaßt sein muß, aber es hilft einem wenig. Man erwartet den Tod und ist [...] bereit, ihn sich verschwommen und nicht zu grausam als Rückkehr in die Natur vorzustellen. Doch in den meisten Fällen ist es nicht so. Man geht zu Boden, erhält Schlag auf Schlag, bis man es nicht mehr erträgt. Das alte grausame Gesetz tritt in Kraft: Du hast ihn uns gegeben, du hast ihn uns genommen. *Blume, 146*

Es war klar, klar und windstill, der Himmel mit Wolkenbänken überzogen. Doch alles war neu und anders, wurde mir voll bewußt, als könnte ich zum erstenmal sehen, als hätte man mir die Ohren geöffnet. Es schmerzte mich, wie Atmen, Sehen und Hören einem neugeborenen Baby Schmerzen verursachen. Die Dinge schienen keinerlei Beziehung mehr zu dem früheren Leben zu haben – nicht die Bäume, der Himmel und der Kies unter meinen Füßen. Ich würde mir ihre Gesetze wieder von neuem zu eigen machen müssen. Das Flugzeug, das hoch über der Garage vorüberzog, schien kein Ziel zu haben, bohrte nur ein Loch in ein Vakuum.   *Räume, 225*

Es nicht wahrhaben wollen, nicht nachzudenken, hilft sehr, wenn man mit Menschen zusammen ist oder arbeitet. Aber man schiebt es in seinen Gedanken immer und immer wieder in den Hintergrund, bis es zurückprallt und einen wieder anfällt – nicht als wahres, reines, ruhiges Begreifen, denn das Pendel schlägt zu weit aus, und es ist nur ein Sich-Verkrampfen des Gefühls.

Stunden, 195

2. Vom Abschied

Wenn einem in einem Zahn gebohrt wird und der dünne Schmerz hochsteigt, hilft es wirklich, sich zu sagen: »Das ist nur ein physischer Schmerz, nur ein physischer Schmerz.« Wenn man ihn herausnimmt und auf der flachen Hand betrachtet, wird er unpersönlich.

Vom Abschied

Wie dem auch sei, wenn man einmal den ersten Stich hinter sich hat, ist es ohnehin schon gleich (vorbei), und man kann es leichter ertragen. Nur der Übergang von der Schmerzlosigkeit zum Schmerz ist so fürchterlich. *Einhorn, 126*

Der Flieder ist verblüht. Ich verabscheue tote Blumen und das Wegwerfen von ihnen und das stinkende, faulige Wasser. Es ist fast besser, sie gar nicht erst zu haben. Ich hasse es – es schmerzt mich richtig –, sie verwelken zu sehen. Ich tue so, als wären sie nicht verwelkt, tauche sie in kalte Bäder, schaue sie verkehrt herum an, wenn sie herabhängen. Es nützt nichts – sie verwelken immer! »Oh, weh! Wehe! Wehe!« *Einhorn, 164*

Das Schlimmste am Abschied von Menschen ist zu wissen, daß man ohne sie auskommen kann und wird. *Einhorn, 168*

Umziehen war etwas so Deprimierendes. Ausmisten, alte Sachen aussortieren, den ganzen Kram, der sich in einem Leben angesammelt hat, wegwerfen. Man blickte auf sein Leben zurück, wie heute, und wohin war es entschwunden? In schadhafte Möbel und Schachteln voll alter Kleider und in Tausende mit Bleistift gekritzelter Listen, auf denen stand, was getan werden müsse. Aus Jahren waren Listen geworden. *Herz, 45*

3. Vom Preis des Ruhms

Heute morgen weckte mich die Stimme eines kleinen Jungen. Er war die ganze Nacht allein gereist. Er stieg sehr stolz aus, und die ersten Worte, die er an seine Familie richtete, waren: »Lindberghs Verlobte ist in meinem Zug!« So sieht der Ruhm aus! *Stunden, 42*

Die erste Beschränkung, der ich mich gegenübersah, war, im Blickpunkt der Öffentlichkeit zu stehen. Aus dem schöpferischen Dunkel der Anonymität, eines behüteten Familienlebens und dem mir vertrauten Umgang war ich plötzlich hinausgestoßen worden in das grelle Scheinwerferlicht einer leeren Bühne. Sogar in den Tagen unseres ersten Verliebtseins blieb uns die Freiheit der privaten Zurückgezogenheit verwehrt.

Dadurch, daß wir der Öffentlichkeit derart erbarmungslos ausgeliefert waren, war es mir kaum möglich, diesen Fremdling gut genug kennenzulernen, um mir sicher zu sein, daß ich ihn heiraten wollte. Die Anormalität unseres Lebens erklärt viele meiner Zweifel während der Verlobungszeit. *Stunden, 10*

Aber die totale Isolation ist ebensowenig normales Leben, wie wenn man der Öffentlichkeit total ausgesetzt ist. Wie Verbrecher oder wie Liebende, deren Liebe verboten war, vermieden wir es, uns gemeinsam sehen zu lassen, und wir mußten auf die alltäglichen Freuden verzichten, in den Straßen herumzuschlendern, einzukaufen, spazierenzufahren, zum Essen auszugehen oder an öffentlichen Veranstaltungen gemeinsam teilzunehmen. Selbst bei den gesellschaftlichen Ereignissen in der Botschaft oder im Hause meiner Eltern in Englewood, New Jersey, wurden wir gestört. Man versuchte, Dienstboten zu bestechen, Briefe wurden gestohlen, oft wurden Telegrammtexte weiterverbreitet, Reporter sprachen mit arglosen Gästen oder Freunden und druckten dann völlig verdrehte Anekdoten über unser Privatleben, oder sie erfanden ganz einfach Geschichten über uns, wenn ihnen das Nachrichtenmaterial zu dürftig erschien.   *Stunden, 11*

Bei uns waren gestern abend einige Musiker. Sie spielten draußen auf der Veranda, und wir saßen im Salon, wo sie uns nicht sehen konnten, und sie spielten für die Sofas und Granitpfeiler und die Marmorböden und [...] Stille! Natürlich erlahmten sie. Ihre Lieder versackten trübselig, ihre Hälse wurden heiser bei dem Versuch, uns zu erreichen, zu rühren, in Stimmung zu bringen. Schließlich waren sie so eingeschüchtert, daß sie ganz unhörbar wurden, und die Männer schlurften entmutigt davon. So komme ich mir vor.   *Stunden, 39*

IV

Flutwellen des Lebens

1. *Verliebtheit*

Im Anbeginn scheint jede Beziehung einfach zu sein. Die Einfachheit der ersten Liebe, der ersten Freundschaft, die Gemeinsamkeit der Sympathie scheint, in ihrer ursprünglichen Erscheinungsform, selbst wenn es sich nur um ein angeregtes Gespräch über einen Tisch hinweg handelt, eine in sich geschlossene Welt. *Muscheln, 53*

In der vollkommenen Einheit dieses Augenblickes gibt es keine anderen Menschen, Dinge oder Interessen. Er ist frei von Bindungen oder Ansprüchen, nicht belastet von Verantwortung, Sorge um die Zukunft oder Verpflichtung an die Vergangenheit. *Muscheln, 54*

Die ursprüngliche Beziehung ist etwas sehr Wunderbares. Ihre in sich geschlossene Vollkommenheit besitzt etwas von der Frische eines Frühlingsmorgens. Man vergißt den nahenden Sommer über dem Wunsch, den Frühling einer ersten Liebe, in dem zwei Menschen sich als Einzelwesen ohne Vergangenheit und ohne Zukunft gegenüberstehen, zu verlängern. *Muscheln, 54*

Verliebtheit

Und wie rasch, wie unvermeindlich wird diese vollkommene Einheit gestört. Die Beziehung ändert sich, wird kompliziert, durch die Berührung mit der Welt belastet. [... Die] Beziehung zwischen Mann und Frau ist die tiefste und am schwierigsten zu bewahrende, und wir glauben fälschlicherweise, die Unmöglichkeit, sie in ihrer ursprünglichen Form zu bewahren, sei eine Tragödie.

Muscheln, 54

Gültigkeit braucht keine Beziehung zu Zeit, Dauer oder Beständigkeit zu haben. Sie liegt auf einer anderen Ebene und wird mit anderem Maß gemessen. Sie bezieht sich auf den tatsächlichen Augenblick innerhalb von Zeit und Raum.

Muscheln, 64

Schreckliches Dampfertuten. Ich weiß nicht, was das Dampfertuten an sich hat. Wo immer ich bin, was auch immer die Umstände sein mögen, wenn ich es höre, überkommen mich unweigerlich romantische Gefühle. Dann bin ich ein Mädchen, das gerade ihrem Liebsten Adieu gesagt hat, bevor er in den Krieg zieht. Eines Tages muß ich über eine junge Liebe schreiben, über die Liebe eines jungen Mädchens, die nur in Träumen existiert, in der es nur zu einem Blickwechsel kommt – und über Schiffstuten.

Räume, 109

Es ist nicht anders, wie wenn man sich verliebt, eine Entdeckung, die sich bei einem Abschied wiederholt, doch derer man sich erst bewußt wird, wenn einen ein jäher Schmerz daran erinnert, daß einem der andere nun fehlt. *Blume, 371*

2. Hochzeit

Dies war der unerträgliche Augenblick. Einer jener Kreuzwege des Lebens, an dem Vergangenheit und Zukunft aufeinandertreffen und verschmelzen zu einem weißglühenden Brennpunkt des Augenblicks, dem der Schmelztiegel des menschlichen Gefühls nicht standzuhalten vermag. Augenblicke wie dieser erfordern einen formvollendeten Rahmen, alt und unveränderlich wie ein gravierter Stein; schön und abgegriffen wie Stein, kalt wie Stein. Aber selbst in Stein ist der Augenblick überwältigend. *Herz, 30*

Hochzeit

Es ist komisch, vor einer Woche dachte ich bei allem, was ich tat, mit einem beinahe furchtsamen Schauder vor dem Unabwendbaren: »Nächste Woche bin ich verheiratet... Wenn ich diese Uhr wieder aufziehe, bin ich verheiratet.« Das ist so komisch, weil alles so natürlich ist und in keiner Weise erschreckend, keine fürchterliche Veränderung oder auch nur befremdlich und – in vieler Hinsicht vergnüglich. Es macht mich nur ein bißchen nervös zu denken, daß Fremde uns sehen und sagen könnten: »Ein Mann und seine Frau.« Aber vielleicht kommen sie darauf gar nicht und sind eher geneigt zu sagen: »Ein Mann und sein kleines Mädchen – oder kleiner Junge!«

Stunden, 46

Wir, die wir Fremde waren, sind nun Mann und Frau, einander seit unvordenklichen Zeiten zugetan, zugetan bis zum Ende der Welt. Wir, die wir von Schlaf umfangen waren, sind nun zu einer neuen Welt erwacht. Wir, die wir verängstigt waren, sind nun stark und voll Zuversicht. Wir, die wir gegängelt wurden, sind nun frei, wir selber zu sein – zum erstenmal. Wir, die wir Kinder waren, sind nun Erben eines neuen Standes – komm!

Herz, 227

Hochzeiten [...] waren Ausdruck der ewigen Hoffnung der Menschen. Selbst für Ungläubige und Zyniker hatten Hochzeiten eine besondere Bedeutung, die [... man] nur religiös nennen konnte. Denn eine Hochzeit war nicht nur ein Versprechen und ein Gelöbnis, das man vor Gott und den Menschen ablegte; sie war eine Erhöhung des menschlichen Daseins, weil diesem etwas Größeres hinzugefügt wurde, etwas Ungewisses, Ungreifbares, Unbeweisbares. Eine Bestätigung des menschlichen Glaubens an etwas Geistiges – Liebe. *Herz, 225*

3. Geburt

Sechs Monate hat man geistig im Dämmerzustand dahingelebt. (In den ersten drei Monaten nimmt man die Dinge noch wahr, sogar sehr deutlich. Im letzten halben Jahr wird man träge, die Gefühle stumpfen ab, man ist nur noch damit beschäftigt, ein Kind auszutragen. Einerseits ist man völlig mit sich selbst beschäftigt, und doch verzehrt sich die ausgeprägte, züngelnde Flamme des Egos, verglüht und verlischt.) Plötzlich flackert sie wieder auf und macht Tag und Nacht den Versuch, die verlorene Zeit wieder aufzuholen. Man denkt, schreibt, redet wieder und nimmt erneut die Verbindung zu anderen Menschen auf! *Blume, 123*

Ein Kind zu haben, macht einen neun Monate lang, und selbst in diesen schrecklichen letzten Stunden, so außerordentlich glücklich. *Blume, 123*

»Dies ist [...] erst die erste Wehe« [...], und mit einem unaufhaltsamen Tränenstrom erwachte ich wieder zu der schweren Hilflosigkeit meines Körpers. Ich wußte immer schon ein bis zwei Sekunden, bevor ich aufwachte, ob Charles im Zimmer war oder nicht, und fühlte meine Blicke unweigerlich zu ihm hingezogen. Ich mußte einfach zu ihm hinsehen [...] ein blinder Instinkt. Meine Hand in der seinen war manchmal das erste, was wieder ins Leben zurückkehrte – meine Hand in seiner Hand; während ich noch ganz blind und taub und stumm war, spürte ich, wie sein Zeigefinger mein Handgelenk streichelte. Wie der erste Felsgipfel, der sich aus der zurückweichenden Flut der Bewußtlosigkeit erhebt.

Stunden, 286

Die Schmerzen blieben gleich schrecklich, so schrecklich, daß man nicht mehr man selber ist – man ist Schmerz – die ganze Welt besteht aus Schmerzen, manchmal etwas näher bestimmbar: Du bist von ihnen durchbohrt und unfähig, ihnen zu entrinnen. Du läufst mit den Schmerzen um die Wette, versuchst, ins Lachgas zu fliehen, während der Schmerz mit gierigen Zungen an deinen Fersen leckt, wie wenn die Flut dich einholt. *Stunden, 287*

Schließlich wachte ich ganz auf, sehr wund, aber mein Unterleib war von seiner Last befreit, und dann das gleiche unverkennbare, durchdringende Geplärr – ein unsicheres, zögerndes Geplärr, das alle anderen Geräusche übertönte, als ob es das einzige wäre – vom Baby. *Stunden, 288*

Aber ein Kind war der reinste Ausdruck. Ohne Kind konnte eine Ehe kaum ihren Ausdruck finden. Liebe mußte sichtbar gemacht werden.

Herz, 212

Glück

Wenn man einen Mann wirklich liebte [...] dann wollte man ein Kind von ihm. Wenn man eine Frau wirklich liebte, dann wollte man ein Kind von ihr. Die Liebe fand erst dann ihren vollkommenen Sinn und ihren vollkommenen Ausdruck, wenn man sein Erstgeborenes erblickte.

Herz, 212

4. Glück

Oh, es ist wunderschön hier. Die Luft ist nicht herb und staubig, sondern mild, und es gibt Felder über Felder mit weichem, sattgrünem, samtblättrigem Mais und regenfarbenem Weizen, der wie Wasser gleichmäßig hoch um die Stämme einzelner Bäume in den Feldern steht. Und aufgetürmte große Sommerwolken an einem blauen Himmel. Und reine Luft von den Maisfeldern. Ich fühle mich besänftigt und ausgeglichen – genauso ruhig und frisch und dankbar wie eines dieser Maisfelder. (Ich glaube, daß ein großer Friede von ebenmäßigen Dingen ausgeht, wie etwa von der gleichmäßigen Höhe des Weizens oder den Rinnen am Strand, die die Wellen gezeichnet haben, oder den Buchenreihen am Horizont.) Und ich bin glücklich. *Stunden, 41*

Wir finden wieder etwas von der Freude am Heute, vom Frieden im Hier, von der Liebe in mir und dir, aus dem das Himmelreich auf Erden erschaffen ist. [...] Geduld – Glaube – Bereitsein. [...] Einfachheit – Einsamkeit – Wechsel.

Muscheln, 110

Aber das Glück fand man nicht so ohne weiteres, weder in der Ehe noch anderswo. [...] Man sollte es weder suchen noch erwarten. [...] Die Ehe war nicht in erster Linie eine Sache des Glücklichseins. Sie war zu sehr auf etwas anderes gerichtet – wahrscheinlich auf die Liebe, aber nicht auf die Liebe, die die jungen Leute von heute besangen. [...] Wenn man das Wohl anderen wünschte, stellte sich auch das übrige ein. Auch das Glück.

Herz, 221

Ein glücklicher Tag – einer der Tage, an denen sich alles fügt, die Schwierigkeiten sich verflüchtigen. Plötzlich scheint man befreit und unbeschwert. Wie leicht fällt es, glücklich zu sein, wie einfach lassen sich all die verschiedenen Gefühle miteinander verbinden. Man findet auf alles eine Antwort, denn man ist furchtlos, wie ein Kind, das in der Straßenbahn Fremden zulächelt. Sie können nicht widerstehen und lächeln zurück. Hat das Verhalten den Tag verändert, oder war es das Zusammentreffen der verschiedenen Umstände?   *Blume, 35*

5. Augenblicke

Vielleicht kann man sich immer nur auf den jeweiligen Augenblick verlassen oder auf die Ewigkeit – dazwischen ist nichts. Diese Regentropfen und [...] die Planeten.   *Stunden, 243*

Der Wunsch nach der immerwährenden Ausschließlichkeit in der Liebe scheint mir der »tiefwurzelnde Irrtum« im Menschen zu sein. Denn »es gibt kein Ein-und-Einziges«, wie mir einmal ein Freund bei einer derartigen Diskussion sagte, »es gibt nur die ein-und-einzigen Augenblicke«.   *Muscheln, 61*

Durch die Schlucht der Gegenwart schäumen die angeschwollenen Flüsse der Vergangenheit; eine Flutwelle, steigend brodelnd, die sich auftuende

Kluft des Jetzt überflutend. Wird sie sich brechen? Wird sie die steilen Wände des Nun überspülen? Hier treffen nicht nur die Zeiten zusammen, sondern auch menschliches Leben und Gefühl und Persönlichkeit. Das Nun, symbolisiert im schmalen Hals des Stundenglases, ist nur wie eine Linse, in der die Strahlen sich bündeln. Jeder Mensch ist eine Linse für Strahlen aus der Vergangenheit und Zukunft. *Herz, 30*

Ja, das bedeutete das wahre Leben, dankbar erkannte ich das ganz deutlich. Wie oft im Leben denkt man sich: »Wenn das vorüber ist, dann kann das Leben beginnen [...]« So wie man den Frühling betrachtet und sich denkt: »Morgen wird es Frühling sein«, »Wir haben beinahe schon Frühling« oder »Jetzt ist der Frühling vorbei«; aber niemals erwischt man den rechten Augenblick – den eigentlichen Frühling. *Blume, 124*

Ein ruhiger, vollkommener Augenblick, weder von der Zeit noch vom Raum begrenzt, sondern weit davon entfernt, hoch darüber. Ruhig, abgerundet – der Wassertropfen an der Traufe, anschwellend, kurz vor dem Herabfallen, aber nun

Augenblicke

ganz, kristallen, vollkommen. Diese Augenblicke sind so selten, so rar, für jedermann – diese Augenblicke der Vollkommenheit. *Einhorn, 77*

Es war einer der seltenen Augenblicke, in denen man sich des eigenen Glücksgefühls voll bewußt ist, in denen das Glück eines ganzen Lebens wunderbar auf dieser Nadelspitze der Zeit ausbalanciert wird, wie bei einer Biene, die den ganzen Sommer in einem Geißblatt einsaugt. *Stunden, 210*

Heute ist so ein Tag, an dem man nicht die Erde betrachtet, sondern sich zurücklehnt, einem inneren Zwang folgend nach oben in das wechselvolle Antlitz des Himmels blickt – große weiße Wolken segeln in loser Folge vorüber. Man spürt, daß sich das wahre Drama, das wahre heutige Leben dort oben abspielt. Hier unten, in den Bäumen und im Gras, erleben wir lediglich einen Abklatsch davon. Dort oben ist dieser Tag, wie er sein sollte, frei und schrankenlos. So frei fühlte auch ich mich, aller Fesseln ledig. Der Wind blies mir in die Ohren wie fernes Grollen, und um mich herum pflanzte er sich als sanfter, tiefer Seufzer in Bäumen, Gräsern und der ganzen Natur fort. Daran teilzuhaben, ihn in den Haaren, auf den Armen, in den Kleidern zu spüren, war köstlich. *Blume, 65*

Ich war ganz aufgekratzt, denn ich hatte vor einem Unglück Angst gehabt und auch davor, völlig verschreckt aus dem Leben gerissen zu werden. Ich jedenfalls möchte nicht laut schreiend sterben. Aber ich glaube nicht, daß einem das passiert – das bleibt einem erspart. Bei einem Unglück hat man zum Angsthaben oder zu langen Überlegungen keine Zeit. Es ist innerhalb von drei Sekunden vorbei; selbst dann, wenn man die Gefahr erkennt, wie das bei mir der Fall war, erschreckt es einen überhaupt nicht – man ist irgendwie außerhalb. [...] Aber ich bin immer noch verwundert über das, was mir dabei durch den Kopf schoß. Einer der ersten Gedanken war: »Wie lange wird die Reparatur dauern, und wann werden wir nach Hause kommen?« *Stunden, 194*

Manchmal erhaschte man ein wahres Bild der Dinge, nur für einen Moment, einen visionären Augenblick lang. Meist flimmerte das Leben wie ein dilettantisch geklebter Film im Heimkino.

Augenblicke

Was man eigentlich sehen wollte, fehlte immer im Bildausschnitt.
Herz, 36

Bin zermartert von dem Gedanken: »Ich muß das genießen – vielleicht erlebe ich das nie wieder.« Warum eilt das Leben immer schneller dahin? Warum sind die Dinge so schrecklich unerträglich kostbar, daß man sich ihrer nicht freuen kann, sondern nur atemlos wartet und fürchtet, daß sie entschwinden?
Stunden, 304

Gibt es irgend etwas sonst, was so scheußlich ist wie der Aufbruch zu einer Reise? Wenn man erst fort ist, dann geht's, aber das Gefühl, eine Schnecke zu sein, die von ihrem Felsen losgerissen wird. Ich hasse es...
Stunden, 117

Vielleicht ist das alles ganz leicht zu erkennen, aber ich sah es nie, wenn Leute zu mir sagten: »Leben Sie von einem Tag zum anderen – leben Sie einfach von einem Tag zum anderen«; das bedeutet nicht nur, daß man sich weniger Sorgen macht, sondern das Wichtigste daran ist, daß das Leben reicher wird. Wenn man sich vollständig von etwas gefangennehmen läßt, wenn man sich ganz dem Augenblick hingibt, erlebt man diese Augenblicke intensiver. *Einhorn, 116*

Und um die Augenblicke, die zählten, zu bestimmen, mußte man das Leben nach seinen eigenen Maßstäben messen. Das konnte kein anderer für einen tun, niemand konnte einem seine Maßstäbe anbieten. *Herz, 247*

Es ist seltsam, aber in dem Augenblick, als ich den Zug bestieg und abfuhr, fühlte ich mich wie ausgewechselt. Ich glaube, daß die Gefühle und Gedanken, die wahren und tiefempfundenen, deutlicher wurden, wenn man Abstand gewinnt, weil sie sich von ihren schalen Verbindungen lösen: dem eigenen Schreibtisch und Zimmer und Bett und Spiegel. Sie werden klar und werden einfach sie selbst, ganz so wie die Farben eines Sonnenunterganges oder eines Birkenhains, mit dem Kopf nach unten gesehen, klarer werden, weil die Farben von den vertrauten Formen losgelöst sind. *Stunden, 41*

Augenblicke

Bei uns allen gibt es, zwischen den Augenblicken der Zuversicht und des Mißtrauens gegen sich selbst, diesen fürchterlichen Abgrund. *Räume, 299*

Ich fühle mich älter, als ich in zehn Jahren sein werde. Ein plötzliches, übermächtiges Zeitgefühl; Menschen, die sich ändern, fortgehen und von anderen ersetzt werden. Der Zyklus beschleunigte sich, als hielte ich Rückschau. Ich nehme an, es liegt an dem Baby, daß ich so fühle. *Stunden, 153*

Diese ein-und-einzigen Augenblicke haben ihre Gültigkeit. Zu ihnen zurückzukehren, wenn auch nur zeitweise, hat seine Berechtigung. Der Augenblick am Frühstückstisch ist gültig; der Augenblick mit dem Kind an der Brust ist gültig; der Augenblick, in dem wir später mit ihm den Strand entlanglaufen, ist gültig. Das gemeinsame Muschelsuchen, das Kastaniensammeln, die Schätze, die man austauscht: all diese Augenblicke der Zweisamkeit sind gültig, aber nicht ewig. *Muscheln, 61*

Flutwellen des Lebens

Ich glaube, daß man in seinem Gedächtnis versperrte Schubladen hat; man meint, daß man Dinge vergessen hat, und dabei sind sie doch alle vorhanden, ganz unversehrt und vollständig. Manchmal allerdings verliert man den Schlüssel dazu! Aber da ist trotzdem alles. *Räume, 149*

Die »Ganzheit«, die Vollständigkeit solcher Augenblicke – dafür kann ich jahrelang in Unvollkommenheit herumstolpern. *Einhorn, 85*

Das Leben war nicht länger mehr ein großer Augenblick, ein Gipfelpunkt der Zeit. Man kann nicht auf dem Gipfel verharren. Man sieht zuviel, man wird schwindelig. Steige hinab; spring auf den Pfad zu deinen Füßen, nur auf den nächsten Schritt bedacht, auf den nächsten Augenblick, dem viele alltägliche Augenblicke folgen.

Herz, 228

V

Gezeiten der Trauer

1. Jäh erstarrt

»Dies ist die Stunde von Blei.« Ich warte darauf, daß das Pendel von der dumpfen Erstarrung wieder hinüberschwingt zur vollen Erkenntnis, ich fürchte diesen Schlag, aber dies Gefrorensein ist schlimmer, denn ich taste nach der bewußten Erkenntnis und kann sie nicht erfassen – ich spüre nur einen dumpfen Schmerz. *Stunden, 281*

Es ist unmöglich, das Durcheinander, in dem wir leben, zu beschreiben – unten tagsüber eine Polizeistation – Detektive, Polizei, Männer vom Geheimdienst schwärmen ein und aus –, nachts im ganzen Eßzimmer und in den anderen Zimmern Matratzen. Jederzeit kann ich aus dem Bett geholt werden, damit ein paar Detektive im Zimmer eine Besprechung abhalten können. Es ist so entsetzlich unwirklich, daß ich gar nichts fühle. *Stunden, 218*

Alles ist so unwirklich. Ich bin froh darüber, denn ich möchte nichts begreifen. *Stunden, 219*

Jäh erstarrt

Ich erfasse gefühlsmäßig nichts, außer wenn ein anderer kleiner, unvermittelter Verdruß die Glut entfacht. Es ist möglich, hier zu leben und nichts wahrzunehmen, was mit dem Kind zu tun hat. Dies ist so weit entfernt von ihm. Klingt das kalt und gefühllos? Ich merke, daß ich bereit bin, im Augenblick für meine Selbstbeherrschung alles und jedes dranzugeben – denn sie ist so wichtig.

Stunden, 224

Die Zeit [...] steht still. Es ist, als hätte damals eine einzige lange Nacht oder ein endloser langer Tag begonnen. Mein Gefühl ist stehengeblieben wie eine hohe Note, die in einer Orgel steckengeblieben ist. Die Zeit ist seither in einer Stimmung, in einer Farbe, ohne Variation und ohne jedes grundsätzliche Auf und Ab. Es ist nur eine Verlängerung jener Nacht. Natürlich hat es an der Oberfläche anders ausgesehen. In jeder Sekunde wechselt die ganze Szenerie, stürzt zusammen und ändert sich wieder, wie in einem Traum. Personen wechseln von schwarz zu weiß, Gesichter ändern ihr Aussehen, Töne haben verschiedene Klänge, das Tempo der Geschäftigkeit nimmt zu und flaut wieder ab, aber über allem der hohe Ton, der [...] in der Orgel steckengeblieben ist!

Stunden, 224

Gezeiten der Trauer

Es existiert kein Gefühl der Kontinuität mehr – wie im Traum, oder wie man es in den Köpfen Wahnsinniger vermutet. Man kann sich einfach nicht darauf besinnen, was zuvor passiert ist. Kennst Du das Gefühl, dieses »Es muß doch vorher schon etwas passiert sein«, wenn man seine Eindrücke alle durcheinanderbringt und den Karren vor das Pferd spannt? So geht es mir ständig.

Stunden, 224

Ich denke manchmal, daß unsere Sinne vielleicht zu schwach sind, um Freude und Kummer zu erfassen, außer in kleinen Dingen. Freude an dem frischen Duft der Blumen, der Wärme des Feuers oder an einem Händedruck. Kummer über welkende Blumen, einen verlorenen Hund, das Schreien eines vergrämten Kindes. In großen Dingen sind Freude und Schmerz ganz gleich – nämlich überwältigend. Wenigstens nehmen wir sie nur in kleinen Dosen in uns auf – in dünnen Strahlen – in Wellen – denen unser Gemüt nicht lange standhalten kann.

Stunden, 225

Aber ich fürchte, ich habe gar nichts zu bieten. [...] Ja, um ehrlich zu sein, mein Verstand funktioniert überhaupt nicht. [...] Es ist vollkommen unwirklich. Ich weiß nicht, wie lange ich diese Vorstellung bewahren kann. *Stunden, 230*

Selbstbeherrschung und Zurückhaltung hatten in meiner Familie eine sehr starke Tradition und ebenso in der meines Mannes. Die Menschen in meiner Umgebung waren tapfer, und ihr Mut hielt mich aufrecht. Disziplin war auch notwendig, weil ich wieder ein Kind erwartete, und weil wir mitarbeiten mußten, das gestohlene Kind heil und gesund zurückzubekommen. Wie im Krieg oder bei einer Katastrophe war eine Arbeit zu leisten. Diese Aufgabe und Hunderte von Menschen, die sich uns zur Verfügung gestellt hatten, und die mit uns dafür arbeiteten, hielten uns aufrecht. *Stunden, 204*

Ich fühle mich seelisch so schrecklich schwach – keine Kraft in mir. Mein Gemüt und mein Geist ohne Halt und umhergeworfen, so leicht verunsichert und verschreckt, als ob mich alles und jedes umwerfen könnte. Scheußliches Gefühl, an der Grenze, meine Fassung zu verlieren.

Stunden, 260

Man kann es nicht ändern. Wie sinnlos ist der Versuch, sich durch diese Erinnerungsfetzchen weiterhin an ihn zu klammern. Wie sinnlos die Hoffnung, daß eine Miniatur etwas von ihm wiedergeben könne – und selbst wenn, was wäre das für ein Trost angesichts des vollständigen Verlustes? Das Bild verblaßt, und ich habe in meiner Hoffnungslosigkeit den Kampf gegen das Unvermeidliche aufgegeben. Vielleicht ist die Betäubung zum Teil ein körperlicher Schutz. *Stunden, 278*

Ich bin in jener Phase der Betäubung, in die das Pendel ausgeschlagen hat. Ich versuche nicht, das Kind zurückzuholen, ich fühle nur die unvermeidliche Entfernung und unternehme keinen Versuch, dagegen anzukämpfen. Schwere, bedrückende Gefühllosigkeit – und dazu dumpfe, stumme Trauer. Doch dabei ist es nicht das heftige und tröstliche Vermissen, das auf seine Weise auch ein Besitzen ist. *Stunden, 276*

2. Trotzdem hoffen

Ein anderer Schlüssel war die Hoffnung. Nach dem ersten Schock waren wir – um das vorwegzunehmen – durchaus zuversichtlich, daß wir das Kind wohlbehalten zurückbekommen würden. Alle, mit denen wir zu tun hatten – Freunde, Helfer, Detektive, Polizisten –, flößten uns Hoffnung ein.

Stunden, 204

Nur Dasitzen und Warten verlangt sehr viel Ausdauer und Geduld, [...] und ich vertraue den Menschen, die die Sache in die Hand genommen haben. Ich habe noch nie so viel aus vollem Herzen kommende Selbstaufopferung gesehen, wie jeder einzelne, der mit der Sache beschäftigt ist, hier an den Tag legt.

Stunden, 222

Wie gut kenne ich das Gefühl der Enttäuschung, wenn sich eine Spur als blind erwiesen hat. Es ist unmöglich, keine Hoffnung zu hegen, auch dann, wenn man sich wieder und wieder sagt, daß man es nicht tun soll.

Stunden, 230

Was niemand versteht, ist, daß man so viel im Gleichgewicht halten muß. Man klammert sich nicht zu sehr an den Strohhalm, sondern blickt weiter. In Gedanken schießt man vor bis zum Endpunkt. Das ist die Türe, die sich zu einem langen Gang hin öffnet. Man blickt den langen Weg hinab bis zur endgültigen Niederlage oder dem endgültigen Erfolg. Aber es ist doch wohl in jedem Fall zu dumm zu versuchen, sich an solche Strohhalme wie: »Ich dachte immer... Ich glaubte nicht... Ich habe mir diese Hoffnung nicht gemacht« zu halten – so als wollte man ein paar Münzen retten, während man ein ganzes Vermögen verwettet. Sie würden einem nichts nützen, wenn man verliert. Keine Münze.

Räume, 221

3. Schreckliche Gewißheit

Das Härteste und Schwerste im Leben ist, besonders im Schmerz, der Wahrheit ins Auge zu sehen.

Stunden, 207

Aber nach sechswöchigen erfolglosen Bemühungen, nachdem das Lösegeld bezahlt und das

Schreckliche Gewißheit

Kind nicht zurückgegeben worden war, nachdem die Spuren immer mehr versandeten, schwand die Hoffnung. Ich mußte, während ich für meinen Mann, meine Familie und für die, die für und mit uns arbeiteten, eine äußere Gelassenheit zu wahren versuchte, der Hoffnungslosigkeit, die sich in mir auftürmte, irgendwo nachgeben.

Stunden, 204

Alles fließt jetzt zu einem Augenblick zusammen, zu einem dieser immerwährenden Augenblicke – der Augenblick, in dem ich begriff, daß das Baby entführt war, und ich im ersten grellen Licht des Schreckens das Baby tot sah, gewaltsam getötet. Seitdem war alles unwirklich, hat sich aufgelöst wie Rauch. Nur dieser ewige Augenblick bleibt. Er war damals, ist jetzt.

Stunden, 235

Eine lange Nacht – unkontrollierte Gefühlsausbrüche, lauter Bilder, Erinnerungen –, und ich fange an zu begreifen, daß ich ihn mir wieder herstellen muß, jedes Ereignis, jede Handlung, jedes Wort, ich muß alles gefühlsmäßig noch einmal erleben – dann erst kann ich diesen Kum-

mer annehmen und ihn einen Teil meines Lebens werden lassen.
Stunden, 237

Ich verspüre seltsamerweise eine Empfindung des Friedens – nicht Frieden, aber ein Ende der Ruhelosigkeit, ein Endgültiges, als schliefe ich in einem Grab.
Stunden, 235

Endlich Gewißheit zu haben, ist eine Erleichterung. Wenn man sagen kann: »Zu dem Zeitpunkt war es am Leben«, »Zu dem Zeitpunkt war es tot«, ist das endgültig, und Endgültiges kann man akzeptieren.
Stunden, 235

Im Gegensatz zur allgemeinen Vorstellung sind die ersten Tage des Schmerzes nicht die schlimmsten. Die ersten Reaktionen sind gewöhnlich Schock, Erstarrung und Ungläubigkeit. Man hat eine Amputation durchgemacht. Auf den Schock folgt der tiefste, erste Kummer wie eine Art »geballter Gegenwart« – fast eine Form des Besitzens. Man spürt das verlorene Glied noch bis hinunter ans Ende des Nervs. Es ist ganz so, als lösche die Intensität des Kummers den Abstand zwischen einem selber und dem Toten aus. Oder vielleicht stirbt in Wirklichkeit ein Teil des eigenen Selbst. Wie Orpheus versucht man, den Toten am Anfang ihrer Reise zu folgen. Aber man kann sie nicht wie Orpheus den ganzen Weg begleiten, und nach einer langen Reise kehrt man zurück. Wenn man Glück hat, ist man neu geboren. *Stunden, 206*

Nicht für den Augenblick, in dem man getroffen wird, braucht man Mut, sondern für den langen, steilen Rückweg zur geistigen Genesung, zu neuem Vertrauen und Sicherheit. *Stunden, 305*

4. Neuer Halt im Loslassen

Leiden ist – ganz gleich, von wie vielen es geteilt wird – immer eine individuelle Erfahrung.

Stunden, 205

Mit Sicherheit ist das Leiden eine ganz persönliche Erfahrung, aber gleichzeitig ist es auch eine allgemein menschliche. Es gibt sogar bestimmte vertraute Phasen im Leiden und bekannte, wenn nicht sogar gleiche Schritte, damit fertig zu werden, wie bei der Heilung von Krankheiten – so, wie um mit dem Tod fertig zu werden. Diese Stadien im Leben eines anderen zu sehen, kann erhellend, wenn nicht sogar hilfreich sein.

Stunden, 206

Eine lange schlaflose Nacht, aber ruhig, [...] und ich konnte alles aus weiter Ferne betrachten. [...] »Wir betrachten den Tod wie...« Dann ein langer Tag, an dem alles Persönliche über mir zusammenschlug, der persönliche physische Verlust für mich, [...] – keine Kontrolle über die Tränen, keine Kontrolle über die Hunderte von kleinen Vorfällen, die ich aus meinem Gedächtnis verbannt hatte, während ich um Fassung rang.

Stunden, 236

Heute kann ich mich besser beherrschen, bin aber bleischwer, müde, traurig und alt.

Stunden, 238

Lange Perioden eisiger Erstarrung; nichts wahrhaben wollen.

Stunden, 241

Neuer Halt im Loslassen

Ein stiller Kummer, ganz gleich, wie groß er ist, ist besser als dieses verzerrte, nie enden wollende, unwirkliche Grauen; bis das nicht vorüber ist, wird es keinen neuen Anfang geben. Im Moment bauen wir nur nach hinten weiter, nicht nach vorn. Ich fühle mich, als ob ein Gift in meinem Körper arbeitet – diese Vorstellung von dem Verbrechen. Wie tief wird es sich in unser Leben einfressen? *Stunden, 242*

Charles und ich sprachen über das Gefühl der Unsicherheit im Leben. Nie, nie mehr im Leben werde ich nun wagen, vor ihm zu sagen, du gehörst mir, oder ich habe dich. Während wir sprechen, verändern sich die Dinge und entgleiten uns. *Stunden, 243*

Man muß trauern, und man muß Zeiten der inneren Erstarrung durchmachen, die schwerer zu ertragen sind als der Schmerz. Man muß die durch Gewohnheit und menschliche Tradition angebotenen Ausflüchte ablehnen. Die ersten und häufigsten Angebote von Familie und Freunden sind immer Ablenkungen (»Nimm sie mit hinaus« – »Sieh zu, daß sie hier fortkommt«

– »Sie braucht Tapetenwechsel« – »Bringt Leute mit, die sie erheitern« – »Laß sie nicht herumsitzen und trauern« [wenn trauern genau das ist, was man braucht]). Auf der anderen Seite existiert die Versuchung des Selbstmitleids und der Verherrlichung des Kummers. »Ich werde meine Sorgen lehren, stolz zu sein«, ruft Constance in einer herrlichen Rede in Shakespeares ›König Johann‹. Trotz ihrer Worte gibt es keinen Adel des Kummers. Kummer ist ein großer Gleichmacher. Kein sicherer Weg führt da heraus.
Stunden, 207

Aber eine einfache Formel gibt es dafür nicht, keinen raschen Ausweg, keinen Trost und kein leichtes Hinnehmen des Leidens. »Die Frage, darüber hinwegzukommen, stellt sich nicht« – so schreibt Katherine Mansfield. »Das kleine Boot taucht in den dunklen, schrecklichen Schlund, und unser einziger Schrei geht dahin zu entrinnen – laßt mich wieder an Land. Aber es ist sinnlos. Niemand hört einen. Die Schattenfigur rudert weiter. Man muß still sitzen bleiben und die Hand von den Augen nehmen.« *Stunden, 206*

Neuer Halt im Loslassen

Ich glaube, ich kann es nur im Ganzen schlucken. Es wird nicht aufgesogen werden, sondern immer gegenwärtig sein und immer schmerzen, wie ein Fremdkörper im Auge. Die Natur absorbiert es nicht, sondern schafft allmählich eine schützende Hülle, die den scharfen Schmerz betäubt, doch man bleibt sich seiner immer bewußt. *Stunden, 304*

Auch Gewissensbisse enden in der Sackgasse, sie sind eine Art vorgetäuschter Handlung, die im Augenblick einzig mögliche scheinende. Sie nagen an einem in dem unsinnigen Versuch, das, was geschehen ist, »ungeschehen« zu machen. (»Wenn ich bloß das und das gemacht hätte, wäre es nicht geschehen.«) Gewissensbisse sind Selbstbetrug, ein Sichnähren von Illusionen; so, wie von Erinnerungen zu leben, sich an Andenken oder Fotos zu klammern, eine Illusion ist. Wie das Essen, das einem in einem Traum angeboten wird: man wird nicht satt davon, kein Wachstum, keine Wiedergeburt werden daraus hervorgehen. *Stunden, 207*

Gezeiten der Trauer

Mir ist, als wünschte ich mir nichts anderes als ein normales Familienleben. Ein Hunger nach Kindern, einem Zuhause und all dem, was es geistig und materiell ausmacht. Vermutlich brauche ich mehr als das, nämlich eine Arbeit. Aber jetzt will ich nur das. So viele Menschen haben Kinder verloren. Ich darf das nicht vergessen. *Stunden, 244*

Ich möchte nur noch in der Sonne sitzen, im Freien, und Wogen grüner Eichenblätter und Wogen von Insektengesumm, das Geraschel und Gerege, in mich einströmen lassen, um alle Falten und Risse damit aufzufüllen und eine glatte, blanke, kühle Haut über alles zu ziehen. Dann mögen Eindrücke und Gedanken sich wieder ganz frei und ungehindert auf dieser seidigen Haut einstellen. Aber ich möchte jetzt nicht lesen, nicht denken, nicht arbeiten; ich möchte lediglich bis obenhin mit Ruhe erfüllt sein.

Stunden, 249

Wille, Geist und Körper sind schrecklich abgestumpft. »Es gibt nichts auf der Welt, das mir Freude bereiten kann.« Muß mich davon befreien. *Stunden, 249*

Neuer Halt im Loslassen

Starker Wind zerrt an den Eichen – schwemmt jeden Wunsch nach Tätigkeit aus den Gedanken und Vorstellungen hinweg, strömt in einen ein und füllt dies Bedürfnis auf. *Stunden, 275*

Wer etwas durchgemacht hat, dem fällt das Reden leicht. Man verdient sich das Recht, Verständnis zu haben – und Mitgefühl zu zeigen.
Stunden, 275

Mir wird klar, daß ich nie darüber hinwegkommen werde. Jetzt vergegenwärtige ich mir in meiner Betäubung entweder das Verbrechen oder aber meinen persönlichen tiefinneren Verlust, nie beides gleichzeitig. *Stunden, 249*

Es ist so, als ob wir alle, die dies miterlebt haben, unser Vertrauen verloren haben, und nachdem es nun einmal zerstört war, verwundbar geworden waren – gegen nichts gefeit. Als habe das Vertrauen einen wie eine wunderbare, schimmernde, gläserne Rüstung unfehlbar geschützt, solange es unbeschädigt war. Aber es ist so zerbrechlich – ist es einmal in Stücke zerbrochen, hat man nichts mehr. *Stunden, 262*

Gezeiten der Trauer

Wenn ich mich jetzt von jemanden verabschiede, verfolgt mich der Gedanke, daß ich ihn nicht wiedersehen werde. Unausgesetzt tönt in mir eine Stimme: »Halte fest, was du jetzt hast, erinnere dich an diese Bewegung, es ist das letzte Mal.« Etwas in mir möchte allem eine Bedeutung verleihen.

Stunden, 276

Unsere [Welt] dagegen fällt in sich zusammen, alles kann passieren, denn wir vertrauen ihr nicht mehr. Als ob man, wenn man einmal das Vertrauen verloren hat, verwundbar geworden sei und nichts mehr tun könne, um dem Bösen, dem Kummer und dem Elend, Einhalt zu gebieten.

Stunden, 259

Ich glaube, wenn ich es analysiere, daß Frauen Kummer anders aufnehmen und bewältigen als Männer. Sie wehren sich nicht dagegen, mit offenen Armen nehmen sie den Kummer auf, verbinden und verschmelzen ihn mit jedem Teil ihres Lebens; er nimmt seinen Raum in jeder Faser ein, er gehört zu ihrem Dasein. Während Männer die konzentrierte, bittere Dosis mit einem Zug hinunterschlucken und dann zu vergessen suchen – anfangen, an einem ganz anderen Gegenstand zu arbeiten. *Stunden, 256*

Es ist leichter, eigenen Kummer zu ertragen. [...] Man steht jedenfalls nicht außerhalb. Und es ist kein Schrecken dabei. Der Kummer birgt keine Furcht, keine Alpträume und keine Grauen, wie ich sie diesen Winter verspürte. Man gewinnt Stärke, wenn man weiß, daß man Kummer hat und ihn ertragen kann. Ich hatte immer Angst und wartete auf einen schrecklichen Schicksalsschlag – wir waren immer so glücklich gewesen. *Stunden, 242*

Ich war immer der Meinung, daß Kummer einem ein gewisses Gefühl der Sicherheit geben würde – so, als ob man dann sagen könnte: »Jetzt habe ich Kummer ertragen, ich bin stark, ich werde keine Angst mehr haben. Der Schlag hat getroffen – jetzt brauche ich ihn nicht mehr zu fürchten.« Aber bei mir ist die Wirkung eine ganz andere. Ich fühle alle Grundfesten unter mir wanken. Ich fühle mich dem Tode nahe. [...] Wer wird nächstes Jahr nicht mehr da sein, wen wird es noch geben, werde ich noch am Leben

sein? Ich weiß es nicht, und ich fürchte mich – ich besitze dagegen keine Waffe. Und der Tod ist mir so nahe – es ist mir, als ginge ich mit ihm Hand in Hand.
Stunden, 269

Ich habe das Gefühl, daß es vor dem schrecklichen und unvermeidlichen Augenblick, in dem wir getrennt werden, kein Entrinnen gibt. Und es scheint nicht mehr, wie früher, ein verschwommener, unwirklicher ferner Augenblick zu sein, der sich aus dieser Welt der Jugend verbannen läßt.
Stunden, 280

Ich dachte, ich würde ihn führen, ihn lehren, und nun ist er als erster in diese größte Erfahrung im Leben eingegangen. Er ist mir voraus. Vielleicht, wenn ich da hindurch muß, werde ich an ihn denken und daran, wie mein fröhliches, selbstsicheres Kind das bewältigte – und es wird nicht so furchterregend, nicht so schrecklich sein, eine kleine Tür.
Stunden, 240

Neuer Halt im Loslassen

Gestern nacht wurde mir voll Bitterkeit und in aller Deutlichkeit bewußt, daß ich in den letzten Jahren zu viel gelebt hatte, zu intensiv gelebt hatte, zu traurig und zu glücklich war. Daß ich zu tief empfunden habe. Daß das Leben zu kostbar – viel zu kostbar war. Ich möchte von diesem Gefühl befreit werden.

Stunden, 305

Und mir war, als sei [mit der Geburt des zweiten Kindes] eine große Last von mir abgefallen. Ich hatte mir nicht vorstellen können, daß das Baby so etwas für mich tun könnte, aber ich hatte das Gefühl, als sei mir das Leben wieder zurückgegeben – eine Tür ins Leben geöffnet worden. Ich wollte leben, spürte die Kraft zum Leben. Ich hatte keine Angst vor dem Tod und vor dem Leben: Ein Bann war gebrochen, der Bann über uns, unter dem ich alles fürchtete, und unter dem ich das Gefühl gehabt hatte, daß seitdem nichts mehr gelingen könnte. Der Bann war durch dieses wirkliche, handfeste, vollkommene Baby gebrochen, das aus den Klauen des Kummers in eine unvollkommene Welt gekommen war – ein Wunder. Mein Vertrauen ist wiedergeboren.

Stunden, 288

Ich glaube nicht, daß Leiden allein lehrreich ist. Wenn Leiden an sich lehrreich wäre, wäre alle Welt weise, denn jeder leidet. Zum Leiden müssen Trauer kommen, Verständnis, Geduld, Liebe, Offenheit und der Wille, verwundbar zu bleiben. All diese und noch andere Faktoren können unter günstigen Umständen lehrreich sein. *Stunden, 206*

Zweifelsohne wird der lange Weg des Leidens, der Einsicht, der Heilung und der Wiedergeburt am besten in der christlichen Religion durch das Leiden, den Tod und die Auferstehung Christi veranschaulicht. *Stunden, 208*

Tapferkeit ist ein erster Schritt, aber lediglich den Schlag tapfer zu ertragen, genügt nicht. Stoizismus ist tapfer, aber nur eine Bleibe auf halbem Weg der langen Straße. Ein Schutz, der nur kurze Zeit gewährt werden kann. Am Ende muß man die Schutzschilde ablegen und wehrlos und verwundbar bleiben. Sonst wird vernarbtes Gewebe die Wunde versiegeln, und es gibt kein Wachstum mehr. Um zu wachsen, um wiedergeboren zu werden, muß man verletzlich bleiben, bereit sein für die Liebe, aber – das bleibt einem nicht erspart – auch für weiteres Leid.

Stunden, 207

Ich komme über diesen Augenblick nicht hinweg. Ich versuche immer, ihn mir deutlicher vorzustellen, in der Meinung, daß die Wirklichkeit leichter zu akzeptieren ist – daß man sie akzeptieren, ihr entgegentreten und sie überwinden kann. (Ich kann nur darüber hinwegkommen, indem ich davonlaufe, in allgemeine Platitüden zurückfalle: »Es ist schon lange her«, »Er wußte nicht, was ihm geschah«, und »Wir sterben alle.«)

Stunden, 269

Es ist merkwürdig, wenn man auf irgend etwas in seinem Leben zurückblickt, egal, wie schrecklich es war, erscheint es einem erträglich, und alles andere (auch weniger Schreckliches) erscheint einem unerträglich. Man sieht die Tragödie anderer Menschen und andere mögliche Tragödien und sagt sich: »Das könnte ich nicht ertragen.« Fast möchte man sie gar nicht anders haben (die eigene Tragödie). Indem man sich mit ihr abfindet, glaube ich, will man sie fast nicht ungeschehen machen, denn wenn man sie ungeschehen wünschte gestünde man ein, daß sie vielleicht nicht hätte sein müssen. Und das ist die Tür zur Folterkammer. *Stunden, 292*

Ich werde immer damit leben, immer, mein ganzes Leben lang, nur wird es vielleicht leichter, damit zu leben, weil es sich mehr und mehr von meinem täglichen Leben entfernen wird. Ich will es auch gar nicht anders haben. *Stunden, 268*

SECOND SOWING

For whom
The milk ungiven in the breast
When the child is gone?

For whom
The love locked up in the heart
That is left alone?
That golden yield
Split sod once, overflowed an August field,
Threshed out in pain upon September's floor,
Now hoarded high in barns, a sterile store.

Neuer Halt im Loslassen

Break down the bolted door;
Rip open, spread and pour
The grain upon the barren ground
Wherever crack in clod is found.

There is no harvest for the heart alone;
The seed of love must be
Eternally
Resown.

ZWEITE AUSSAAT

Für wen
Die Milch in der Brust,
Wenn das Kind fort ist?

Für wen
Die Liebe im Herzen verschlossen,
Das jetzt allein ist?
Diese goldene Ernte
Durchbrach einst die Scholle,
überschwemmte im August ein Feld,
Wurde im September mit Schmerzen
auf der Tenne gedroschen,
Ist jetzt in Scheunen gehortet,
ein unfruchtbarer Schatz.

Gezeiten der Trauer

Brecht die verriegelte Tür nieder,
Reißt auf, verstreut und schüttet
Das Korn auf den unfruchtbaren Boden,
Wo immer ein Riß im Boden sich findet.

Es gibt keine Ernte für das Herz allein;
Die Saat der Liebe muß
In Ewigkeit
Neu gesät werden. *Stunden, 209*

VI

Gezeiten des Aufwinds

1. *Fliegen heißt Freiheit*

Beim Fliegen hat man Röntgenaugen, man kann der Erde bis auf den Grund sehen. *Räume, 271*

Es ist merkwürdig, daß die Fliegerei, die jüngste und modernste Tätigkeit, einen in engen Kontakt mit den Elementen zurückführt. *Blume, 315*

Das Fliegen hat es, das Leben, der Herzschlag und der Rhythmus des Atmens. Es gehört zum Ablauf des Lebens, wenn ich das nur verwirklichen könnte. Geburt, Liebe, Tod. Ich versuche mir zu vergegenwärtigen, daß es ohne den Tod unvollständig wäre, daß der Tod ein Teil dieses Musters ist, und daß ich ihn deshalb nicht zu fürchten brauche. *Räume, 81*

Es ist unmöglich, Wolken, ihren Frieden und die Verzückung, die einen überkommt, wenn man sie durchfliegt, zu beschreiben. Man wird in ein anderes Reich versetzt, das der früheren Vorstellung des Himmels entspricht – die perlenförmigen Tore, die schimmernden Türme in Farben, die zu blendend und rein und schillernd für die

Erde sind; auch die Formenwelt ist zu phantastisch, und die Erde liegt so flach und düster darunter.

Räume, 281

Im Ernst, ich habe nicht gedacht, daß mir der erste Flug (mit einem neuen Flugzeug) so einen Spaß machen würde. Es war einer jener wenigen Augenblicke im Leben, wo man von der äußersten Perfektion einer Sache ganz in Anspruch genommen und überwältigt ist, so, wie wenn man einem fabelhaften Reiter zuschaut, wie er sein fabelhaftes Polo-Pony führt, oder wie wenn man die Schleusen des Panamakanals sich öffnen sieht, oder wie wenn man Harold Samuel Bach spielen hört. Die Leistung, die perfekte Steuerung, die Beweglichkeit – eine Maschine, die wie geschmiert geht und empfindsam jedem Wink gehorcht.

Stunden, 118

Der Himmel ist auf der ganzen Welt der gleiche, ganz egal, wie sich die Welt darunter wandelt. Die Kathedralen sind der Mittelpunkt einer jeden Stadt, ziehen die Häuser zu sich heran wie das Zentrum einer Blume – oder wie die Sonne.

Blume, 69

Dieser Auftrieb, der einem den Atem nahm – hier war er wieder! Ich hatte das wirkliche und intensive Bewußtsein des Fliegens. Ich war außer mir vor Freude. Nun schaute ich zum erstenmal nach unten. Wir waren hoch über den Feldern, und da, weit, weit unten sah ich den kleinen Schatten eines großen Vogels, der an den sauber markierten Feldern entlangschoß. Es gab mir einen furchtbaren Schock, als ich auf einmal merkte, mit welcher entsetzlichen Geschwindigkeit wir flogen, und daß dieser Schatten, daß das wir waren – wie in einem Spiegel! Daß dieser »Vogel« wir waren. Wir befanden uns nun über der Stadt; sie sah wie ein Puppenmodell aus. Die Sonne blitzte auf den goldenen Flügeln der großen Statue auf dem Hauptplatz. *Einhorn, 104*

Eine dunkle Sturmbank auf dem Meer. Darüber hängen graue Wolken. In einem solchen Augenblick fühlt man sich der Schönheit und dem Lauf der Natur ganz eng verbunden. Heute besaß ich beinahe ein Malerauge. Ich sah mit meinen Händen. Ich spürte förmlich die grauen Wolken, die in wirbelnden Kreisen am Himmel übereinander hertaumelten und unter sich den korrespondierenden Schatten auf das graue Meer warfen. Die

Fliegen heißt Freiheit

Farbe des Schattens war dunkler als der Saum der Wolke – eine Flut bewegter Blaus und Graus. Ihr Rhythmus, ihr Dahintreiben waren berauschend. Und wir hatten Teil daran. *Blume, 315*

Der ganze Landstrich gleißte, lag wunderbar ausgebreitet, plötzlich und einfach so, unter unseren Füßen, und ich dachte: Wie einfach! So sieht das Tal wirklich aus, so ist es. Jetzt sehe ich es ganz – wie klar, wie einfach! Ein so kleiner Fleck, eine so kleine Welt, und dabei so säuberlich und ordentlich aufgestellt. Ich kann alles auf einmal sehen. Und ich fühlte mich wie Gott. Ich beobachtete die Flügel – wir schienen kaum vorwärts zu kommen – doch dieser fürchterliche Wind [...]

Eine intensive Freude und so wirklich, ganz wirklich, weil ich sie allein hatte, auf meine eigene Verantwortung. Sie war mir nicht auf einem silbernen Tablett dargeboten und als selbstverständlich hingenommen worden. Ich hatte mich bemüht, sie zu erlangen, und so war sie mein – meine ureigenste Erfahrung.

Einhorn, 156

Seltsam, wie die geringste Spur menschlichen Lebens in der Einsamkeit eine Landschaft erhellen kann. Wenn ich die Einöden von Arizona oder New Mexico überflog, waren mir ein paar von Menschenhand aufeinandergeschichtete Steine oder ein einzelnes, einmal bebaut gewesenes Stückchen Land wie ein fernes, von Sonne überstrahltes Feld erschienen. Ein seltsamer Glanz lag darüber, der nicht von Beleuchtungs- oder Farbunterschieden herrührte, sondern ein warmes Zeichen menschlicher Gegenwart bedeutete, ein glühendes Stück Asche vom Feuer des Prometheus. *Wind, 130*

Ich finde das Bild schön, denn ich werde dadurch an die Luftansichten erinnert; an die Intensität, den Glanz, der über allem liegt, was Menschen berühren, an kleine Partikelchen in der Landschaft, wie ein Turm, ein Heuschober, kleine menschliche Figuren, ein rotes Dach, die alle, vom Menschen geprägt, vor Leben sprühen.

Blume, 333

Fliegen heißt Freiheit

Gestern war der aufregendste Tag. Wir starteten von Indianapolis und fingen bei Sonnenuntergang an aufzusteigen. Hinter uns war ein Regenbogen, ein prächtiger Bogen, der viel größer und strahlender war als die auf der Erde. Wir sahen mehr als einen Halbkreis. Er war so wirklich und dabei so flüchtig – im Begriff sich aufzulösen –, daß ich an die Visionen denken mußte, von denen man liest. Erinnerst Du [gemeint ist die Mutter von Anne] Dich an den armen Mönch, der die Vision eines Engels hatte und dann die Türglocke des Klosters läuten hörte und zwischen seiner Pflicht und der Vision hin- und hergerissen war, schließlich zur Tür ging und sie, als er zurückkam, noch vorfand? Der Regenbogen war so wunderschön, mit aufgetürmten großen goldenen Wolken dahinter, und ich dachte an Deine Worte an jenem ersten Morgen in Mexiko: »Anne, dir wird der Himmel gehören – der Himmel!«

Stunden, 52

Es [das Fliegen] hieß Freiheit und Schönheit und ließ uns den Menschenmassen entrinnen. Es hieß auch Ungestörtsein. In den offenen Flugzeugen war damals viel zu viel Krach, als daß man sich hätte unterhalten können, aber wir konnten uns

Zettel schreiben. Das Fliegen verschaffte einem auch Zeit, Ruhe, um in sich gehen zu können, nachzudenken, Gedichte zu lernen. (In jenen frühen Tagen gab es niemanden, der einen mit Zeitschriften, Imbissen oder Kissen traktierte.)

Stunden, 14

Denn Schönheit entfaltet sich nur im freien Raum. Nur im freien Raum sind Ereignisse, Gegenstände und Menschen unwiederholbar und unersetzlich und bedeutungsvoll – und deshalb auch schön. Ein Baum wird bedeutungsvoll, wenn man ihn vor der leeren Fläche des Himmels betrachtet. Ein Ton in einem Musikstück gewinnt an Bedeutung, wenn er zwischen zwei tonlosen Pausen steht. Eine Kerzenflamme blüht im Raum der Nacht. Selbst geringe und alltägliche Dinge gewinnen, wenn der Raum sie umspült, eine Bedeutung, wie ein paar hingehauchte Herbstgräser, die auf einer asiatischen Malerei in der Ecke eines leeren Blattes stehen. *Muscheln, 97*

Dann stiegen wir auf, über die Wolken hinaus, in der Dämmerung, fünfzehntausend Fuß hoch. Bei ungefähr achttausend Fuß sah man beim

Fliegen heißt Freiheit

Hinunterschauen einen blauen Dunst über dem flachen Land, so daß ein neuer Horizont entstand. Es sah aus, als wären wir auf einem Meer, und das Land, das unterhalb des Dunstes hineingeflickt war, sah aus, als sei es in viele Tiefen blauen Wassers hinabgesunken. Dann höher hinauf durch Dunst, es war sehr kalt, und plötzlich waren wir auf einem Plateau von blaugrauen Wolken, so weit man sehen konnte, und der Himmel über uns strahlend blau. Ein unbeschreibliches Gefühl – diese kalten, blauen, unbeweglichen Watteflächen. Wie Eis in ihrer unbeweglichen Ruhe, aber weich und wie Federn aufgetürmt. Ich glaube, man kann es nur mit einem Mammutbett aus grauen Federn vergleichen. Dann machten wir einen Sturzflug aus dieser strahlenden kalten Bläue hinab in plötzliche Wärme und Dunkelheit.

Stunden, 53

Wir erreichen die Hügel, nähern uns den Alpen. Grüne Hügel hinauf, steigen jetzt, freie Landstriche, am Horizont schneebedeckte Berge, blau und fern. Die Hügel sind sehr grün, rotbedachte Bauernhäuser, Fichten. Das muß die Schweiz sein... Überfliegen hohe Hügel, Berge, unter uns ein blauer See.... Noch immer sind wir in der Schicht sich überlagernder, weißer Wolken und dort vor uns ragt in strahlendem Sonnenschein und in gleißendem Blau ganz plötzlich eine schwindelerregend hohe Wand auf. Dort sind die Alpen, sie wirken so gigantisch, makellos und überirdisch, so streng und uns derart überlegen, daß ich mir ganz ärmlich vorkam. Wie können wir je zu ihnen aufsteigen, sie überqueren? Welche Arroganz – welche Dreistigkeit und Arroganz veranlassen uns zu glauben, daß uns das gelänge?

Wir stiegen immer weiter auf, gewannen an Höhe und Zuversicht, atmeten freier. Ja, vielleicht würde es gehen, wir hatten die Bergrücken erreicht, waren hoch oben in der gleißenden Welt, weit unterhalb der Wolken schimmerte ein See. Jetzt setzten wir zur Überquerung der Alpen an, waren inmitten ihrer Kuppen, über ihren Hängen, die Maschine knatterte laut in den kalten Höhen. In meinem Gesicht spürte ich die Eiseskälte, aber lang würde es nicht dauern. Hier führte Hannibal seine Elefanten herüber – hier blickte er auf die Gletscher. Was für eine Vorstellung.

Blume, 101

2. Angst überwinden

Immer mal wieder schaue ich durch ein Loch im Nebel hinunter und sehe einen Zug wie ein Spielzeug dahinrattern. Er sieht so sicher und langsam aus. Nebel ist sehr scheußlich. Er taucht vor einem auf, ehe man es sich versieht, und man ist plötzlich blind und erstarrt, und man friert. Er kommt mir wirklich wie der Tod vor, doch habe ich heute keine solche Angst: Das Land ist eben, und wir haben Fallschirme. *Stunden, 78*

Wir beginnen mit dem Wenden. Die Landeklappen sind draußen, ein Schauer überrieselt mich auf dem Weg ins Verderben. Ein Zurück gibt es nicht. Jetzt müssen wir durch. Wir können nur warten. Hinab in den schwärzlichen Nebel. Er deckt uns zu, schlägt über unseren Köpfen zusammen, versperrt uns den Himmel. Einmal untergetaucht, treibend und trudelnd, fallen wir, wie ein Ahornsamen, der an einem friedlichen Herbsttag zur Erde schwebt, sanft dem Tod in die Arme. Es ist still, der Motor gedrosselt. Ich bin ruhig. Wir sind zusammen, ich bin froh, daß wir zusammen sind. Es macht mir nichts aus zu sterben. Ich freue mich über unser Leben. Es ist ein herrliches Leben gewesen. [...]

Hinab in die Dunkelheit, ganz sanft. Nie habe ich mir vorgestellt, daß der Tod so ruhig und sanft sein würde. Ein langsamer, wundersamer Abstieg in die Unterwelt.

Doch während ich mich mit dem Versinken in diesen federigen Abgrund abfand, beobachtete ich in jeder Sekunde und mit meinem ganzen Konzentrationsvermögen den Spiralsinkflug des Tiefdeckers, um mir kein Anzeichen entgehen zu lassen, das Tod oder Entrinnen und Leben für uns beide bedeuten konnte.

Ehe ich dem Verhalten der Tragfläche etwas entnehmen konnte, bemerkte ich mit einem Seitenblick, daß mein Mann seinen Kopf auf und ab bewegte, zuversichtlich und erleichtert. [...] Eine Sekunde danach konnte ich aufgrund der Tragfläche erkennen, was ihn zu dem Nicken veranlaßt hatte. [...] Das Meer, dann einen Augenblick lang die Küste zu unserer Linken, steil und grün, vulkanische Hügel, darauf getüpfelte Städte.

Plötzlich war es warm und feucht, hatte Form angenommen, war Wirklichkeit geworden. Gedämpfte Farben, dämmrig. Über uns hin dieser graue Vorhang, durch den wir eben gestoßen waren. Er reichte bis zu den Hügelspitzen herunter. Bis zum Ufer was es noch eine ganz anständige Entfernung, aber vor uns lag eine vulkanische Insel. Angenommen... doch ich hielt mich bei dem Gedanken nicht auf, jetzt war das nicht wichtig. Jetzt waren wir unten, wieder ein Teil der Erde, lebendig, warm und atmend – ein Teil dieser Erde, die mit kleinen Städten, Häusern, Häfen und Schiffen bedeckt war.

Wir waren aus einem Traum erwacht – so neu war diese Welt für uns, greifbar, kostbar, grün – wiedergeboren für uns beide. *Blume, 105*

Das Wasser unter uns ist wie blaßblauer Satin mit rosigen Ausbuchtungen in der Nähe der sumpfigen Inseln. Es ist glatt, und seine Schattierungen erinnern an die Innenseite einer Muschel. Um den Horizont sind große, zusammengebackkene Wolken aufgetürmt. Vor uns verschmilzt dieses Laken blassen blauen Satins mit dem Himmel. Unter uns ist ein Boot, das einen weißen Schlitz in das Blau geschnitten hat. *Stunden, 80*

Gezeiten des Aufwinds

Jeden Tag, wenn ich mich nach dem täglichen Flug ausruhe, lerne ich ein oder zwei Gedichte. Die unterhalten mich dann beim Fliegen, wenn es zu kalt oder zu trüb ist zum Hinausschauen. Und ich gruppiere sie in Gedanken, die traurigen und die glücklichen, unter verschiedene unbefriedigende Überschriften. Mir kommt vor, daß es eine Menge melancholischer und eine Menge heiterer Gedichte gibt, aber fast keine Zeile, die reine Freude oder reinen Kummer ausdrückt.

Stunden, 116

Fliegen durch Regen, direkt vor uns eine graue Wand, man muß seinen Blick und sein Vertrauen auf den hellen Streifen am Horizont zur Rechten richten, so wie man beim Durchqueren eines dunklen Zimmers mit seiner Hand die Wand berührt, um sich führen zu lassen. Wieviel Vertrauen gehört zum Fliegen! *Räume, 293*

Wieder Blindflug. Ich habe Angst. Das ist das, was die Menschen vergessen, was aber alle Ozeanflieger durchmachen müssen... ganz blind in absoluter Dunkelheit zu fliegen. Doch der Tag kommt. Es kann nicht mehr lange dauern.

Räume, 185

Angst überwinden

Aber ich glaube, anders kann man nicht leben. Außer beim Fliegen. Ich kann es mir nicht leisten, anders zu sein. Ich kann es mir nicht leisten, meiner Phantasie freien Lauf zu lassen. Ich würde sterben vor Angst. Ich muß mich zusammennehmen. Ich muß mich mit meinen kalten Füßen beschäftigen, wenn wir über die Eisdecke Grönlands fliegen, sonst hätte ich Angst.

Räume, 260

Doch physisches Entsetzen und Todesnähe (obwohl sie einem eben noch vor Augen standen) lassen einen auf wunderbare Weise einen zähen Lebenswillen entwickeln, wenn sie erst überstanden sind.

Räume, 290

Das Zusammen-Fliegen verbindet, denn man ist ganz auf sich gestellt. Man ist ganz auf den anderen angewiesen, das sind einmalige, ureigene Erlebnisse. »Man geht miteinander durch dick und dünn.« Das ist auch wirklich wahr.

Räume, 164

Quellennachweis

Die Auswahl erfolgte mit freundlicher Genehmigung
des R. Piper Verlags, München

Muscheln: Muscheln in meiner Hand. © R. Piper & Co. Verlag, München 1955
Herz: Halte das Herz fest. Die Hochzeit. © R. Piper & Co. Verlag, München 1962
Einhorn: Bring mir das Einhorn. Jahre meiner Jugend. © R. Piper & Co. Verlag, München 1972
Stunden: Stunden von Gold – Stunden von Blei. Jahre der Prüfung. © R. Piper & Co. Verlag, München 1973
Räume: Verschlossene Räume, offene Türen. Jahre der Besinnung. © R. Piper & Co. Verlag, München 1975
Blume: Blume und Nessel. Jahre in Europa. © R. Piper GmbH & Co. KG, München 1984
Wind: Wind an vielen Küsten. © R. Piper & Co. Verlag, München 1956